A1

Agenda 1

Méthode de français

David Baglieto, Bruno Girardeau, Marion Mistichelli

hachette

FRANÇAIS LANGUE ÉTRANGÈRE

www.hachettefle.fr

Crédits photographiques

Corbis : p. 107 F. Hardy et T. Dutronc © Stéphane cardinale/People Avenue ; Jacques Dutronc © Moune Jamet/Sygm ; p. 162 Luc Besson © Natacha Connan/Kipa ; Jardin de Monet © John Miller/Robert Harding World Imagery ; E. Piaf © Cat's Collection.

Shutterstock : p. 6 © Photo25thPicsfive ; p. 8 © Hugo Silveirinha Felix Doreen Salcher ; p. 10 © Imagestalk ; © Doreen Salcher ; p. 11 © mangostock ; p. 12 Mikael Damkier ; p. 13 © NL shop, Rob Wilson, Travel Bug, DanielW, Loskutnikov Ckchiu ; p. 14 © Maisei Raman ; p. 15 © Dmitriy Shironosov ; p. 17 © Qingqing ; p. 18 © Dzulius ; p. 20 © Roberto Castillo, Monkey Business Images, p. 21 © DarkGeometryStudios ; p. 23 © Sagasan ; p. 24 © Yellowj ; p. 25 © Marc Dietrich, HASLOO, Vlue, silver-john, Feng Yu ; p. 26 © CREATISTA ; p. 27 © Tupungato ; p. 28 © photobank.ch ; © Kalim (1) ; © Konstantynov (2) ; © Samotrebizan (3) ; © Kurhan (4) ; p. 29 © Roman Sigaev, Wavebreakmedia ltd (2) ; © Alexandru Chiriac (3) ; © Blend Images (4) ; © Tyler Olson (5) ; © Kalim (6) ; p. 33 © LeonART Tumanyan ; p. 34 © Imageman ; © Gaby Kooijman ; © Hal_P ; © Sailorr ; © Yellowj ; © Peter zijlstra ; © Marcel Jancovic ; © Imageman ; © Madlen ; © Norberto Mario Lauria ; © a9photo ; © Pakhnyushcha ; © Diego Barbieri ; © Nito ; © NIK ; © Ruslan Semichev ; © VolkOFF-ZS-BP ; © Kalnenko ; © Marek H ; © Alessio Cola ; © Feng Yu ; © Bonchan ; © Kesu ; p. 39 © Noam Armonn ; p. 40 : © Darren Whitt ; © solaris_design ; © Seboudchou ; © MiodragF ; © Laschi ; © Tverdovskaya ; © Artush ; © Mitar Vidakovic ; © KULISH VIKTORIIA ; © Nito ; © Shebeko Michael ; © C. Gray ; p. 42 © Pontus Edenberg ; p. 43 © Piotr Sikora ; p. 46 © Elena Yakusheva ; p. 47 © Hudyma Natallia ; p. 48 © Stéphane Bidouze ; © gary718Ints ; ©Vikmanis ; p. 50 © Urfin Skyline ; p. 51 © lightpoet ; © Prochasson Frederic ; p. 52 © Imageman ; © Monticello ; © Vsevolod Izotov ; © Francesco Ridolfi ; p. 54 © Danylchenko Iaroslav ; p. 56 © Wolfe Larry (a) ; © Wildlywise (b) ; © Yellowj (c) ; © kzww (d) ; © Maris Kiselov (e) ; © Ruslan Ivantsova (f) ; © Sergey Goruppa (g) ; © Elzbieta Sekowska (h) ; © Richard Peterson (i) ; © jannoon028 (j) ; © Iurii Konoval (k) ; © Dream79 (l) ; p. 62-63 © Wavebreakmedia ltd ; p. 64 © Luis Santos ; © Phase4Photography ; © Zastol`skiy Victor Leonidovich ; © Greatpapa ; p. 65 © Aswandi Jaafar Sidik ; © Igrik ; © Natalou ; © Studiots ; © Digital Genetics ; © photo25th ; p. 67 © Iana rinck ; p. 68 © BooHoop ; p. 71 © Kim D. French ; © Alexander Chaikin ; p. 74 © Scherbet ; p. 76 © Gibsons ; © Oleksiy Mark ; p. 78 © DeshaCAM ; p. 79 © Luis Santos ; p. 81 © Wongweiyee ; © Skyline ; © Jocicalek ; p. 83 © Oku (3) ; © Isantilli (4) ; © Vuongchivi (1) ; © GLUE STOCK (2) ; p. 84 © Marco Mayer ; p. 86 Andrei Marincas ; p. 86 affiche Adèle Blanc-Sec © Production / Europacorp / Apipoulai Prod / TF1 Films Production ; affiche 36 quai des Orfèvres © Production / Gaumont Columbia Tristar Films ; p. 90 © Kots ; p. 91 © Tumanyan ; p. 92 © Sandra van der Steen ; © Ovsyannikova Ekaterina ; p. 93 © Studiots ; © IKO ; © Robbi ; © Franz Prieto ; © Vilax ; © Edd Westmacott ; © saiko3p ; © Krabata ; p. 94 © Goydenko Tatiana ; p. 95 © Monkey Business Images ; p. 96 © Artkot ; © Elena Rostunova ; © Massimiliano Pieraccini ; © Dmitri Mihhailov ; © Konstantin Sutyagin ; © Netfalls Bloom ; © Nikolay Kuvaldin ; © andrey_l ; © Samokhin ; © Vladimir Agapov ; © Igor Stepovik ; © Samokhin Humberto Ortega ; © Eric Gevaert ; p. 98 © David Lade (1) ; © WilleeCole (2) ; © Yuri Arcurs (3) ; p. 99 © Adisa ; p. 101 © Karkas ; p. 102 © Monkey Business Images ; p. 106 © Dushenina ; © Dimitrieva ; © Oshvintsev Alexander ; p. 107 © vector-RGB ; p. 109 © Horatiu Bota ; p. 116 © leonardo_da_gressignano ; p. 117 © psamtik ; p. 119 © ventdusud ; © ; Auremar ; © ; T.W. van Urk ; p. 123 © wjarek ; © Chantal de Bruijne ; © Pecold ; p. 125 © Jovanovic Dejan ; © Viorel Sima (1) ; © Geanina Bechea (1) ; p. 132 © Yuri Arcurs ; p. 133 © olly ; p. 135 © Tatiana Morozova (1) ; © Erwinova (2) ; © Auremar (3) ; © EDHAR (1) ; © Kontrec (2) ; p. 137 © EDHAR ; p. 140 © Margrit Hirsch ; © Antonio S. ; © Ppl ; © Philip Lange ; © Robyn Mackenzie ; © Tumanyan ; © Brenda Carson ; © Katiriska ; © Tatiana Makotra ; p. 142 © Knumina ; p. 143 © Viorel Sima ; Nattika ; Igor Kisselev ; Bobby Deal / RealDealPhoto ; p. 145 © Franck Boston ; © 501room ; p. 146 © cardiae ; p. 147 © Sergey Kamshylin ; © DeshaCAM ; p. 150 © R.Ashrafov ; © Fedor Kondratenko ; © Tomasz Parys ; © Daniela H. ; © Yurok ; p. 151 © Blend Images ; p. 155 © Gregory Gerber ; p. 156 © Surkov Vladimir ; © Jason Kasumovic ; © Mikhail Zahranichny ; © 1000 Words ; p. 157 © Ekaterina Pokrovsky ; p. 159 © Urfin ; p. 161 © Maksim Toome ; p. 164 © Skyline ; Erashov ; p. 167 © Chris Green ; © Kitaeva Tatiana ; © Maxim Petrichuk ; © Vilax ; © Laurent ; p. 168 © Vasiliy Koval ; p. 187 © Greenland ; © re_bekka ; © hfng ; © Carsten Medom Madsen ; © Bortel Pavel ; © ; Azzzya ; © Vule ; © Matsonashvili Mikhail.

Mara Mazzanti (Le bar floréal, Paris) : p. 6, 7, 10, 11, 26, 27, 42, 43, 62, 63, 78, 79, 94, 95, 102, 116, 117, 132, 133, 148, 149.

Pour leurs autorisations et cessions de droits à titre gracieux, tous nos remerciements à : France Cadet (p. 145), la Marie de Paris, service audiovisuel, pour les vidéos *Pique-nique à Paris, Marché de la Villette*.

Couverture : Nicolas Piroux
Création maquette intérieure : Amarante
Mise en page : Amarante / Barbara Caudrelier
Secrétariat d'édition : Sarah Billecocq
Illustrations :
Anne Cresci, colagene.com : p. 8, 9, 16, 22, 32, 35, 38, 39, 49, 54, 55, 68, 75, 84, 90, 98, 99, 100, 122, 128, 154,
Monsieur Qui, colagene.com : p. 13, 18, 44, 51, 80, 97, 118, 124, 138, 139, 141, 144, 156, 160.
Audrey Gessat : p. 41, 65, 66, 71, 72, 73,
Laurent Lalo : p. 20, 30, 36, 37, 52, 70, 82, 104,
Corinne Tarcelin : p. 19, 36, 46, 49, 50, 51, 77, 85, 88, 89, 104, 107, 126, 129, 141 et les pages DELF.

Tous nos remerciements à :
- **Anne Veillon Leroux** pour la partie phonétique.
- le **Cavilam de Vichy**, notamment **Frédérique Tréffandier** et **Muriel Bidault**, pour l'exploitation des vidéos intégrées au DVD-rom.

ISBN 978-2-01-155802-2
© HACHETTE LIVRE 2011. 43, quai de Grenelle, F Paris Cedex 15, France.
http://www.hachettefle.fr

L'AGENDA DU FLE

Informations utiles

Agenda implique l'utilisateur par la présence du « je » dans les consignes, qui progressent au fil des acquisitions langagières.

Agenda couvre neuf jours pendant lesquels l'étudiant va vivre dix-huit rendez-vous dans un environnement francophone.

Les rendez-vous d'Agenda permettent, dans les pages « à faire », l'accomplissement de différentes tâches en situations plausibles selon un déroulé chronologique. De plus, un **projet** sous forme de tâche collective finale mobilise l'ensemble des acquis langagiers et pragmatiques que l'ensemble du rendez-vous aura abordé.

Agenda intègre progressivement les compétences langagières correspondant aux niveaux du CECR (A1.1 - A1).

AGENDA [aʒɛ̃da] n. m. (mot d'origine latine signifiant « ce qui doit être fait »)

1. Objet personnel permettant d'organiser son temps en associant des actions à des moments.

2. Ensemble des points à traiter dans une période donnée.

3. Un agenda, papier ou électronique, comporte également des pages réservées aux informations pratiques et culturelles.

Agenda multiplie les supports (documents sonores, vidéos intégrées au manuel, exercices auto correctifs, manuel numérique, activités TNI).

Agenda propose des pages de sensibilisation à la culture francophone (jeux, vidéo). L'apprenant pourra consulter un index thématique des notions traitées, un précis grammatical, un tableau des conjugaisons, une carte du monde, une page calendrier des fêtes, l'alphabet phonétique international, une page des poids, mesures et tailles et des pages d'auto-évaluation.

MODULEZ LE CONTENU DE VOTRE AGENDA EN UTILISANT :

- Le DVD-ROM encarté (cf. p. 192)

- Le cahier d'activités avec CD audio encarté
- Le coffret des 3 CD pour la classe

- Le manuel numérique :
  • tout l'audio du livre élève
  • toutes les vidéos des pages Culture-Vidéo
  • 18 parcours didactisés de révision et/ou de remédiation pour TNI
  • 25 activités autocorrectives du DVD-ROM pour l'élève
  • des liens interactifs vers le cahier d'activités

Tableau des contenus

Vocabulaire	Phonétique	Culture / Types de documents	Annexes
• Les salutations • La nationalité • Le nom des pays • Le vocabulaire de la classe • L'heure • Les jours de la semaine	• L'alphabet – relation phonie graphie • L'intonation de la phrase interrogative	**Culture : pique-nique à Paris** > La carte de France > Les drapeaux > La fiche de présentation > Les horaires d'ouverture	
• Les professions • Les nombres jusqu'à 1 000 • Les préférences • Les aliments • Les repas	• Les voyelles [i] – [e] – [ɛ] – [a] • Le rythme, l'accent et la syllabe	**Culture : savoir vivre** > Le CV > L'annonce > La carte de visite > L'affiche > L'enquête > La publicité d'un restaurant > Le menu	
• La météo • La ville • Les directions • Les commerces • Les produits alimentaires • Les quantités	• Les voyelles [i] – [y] – [u] • Les voyelles [y] – [ø] – [o] – [u]	**Culture : marché de la Villette** > Le plan > Le guide touristique > La liste des courses > Les enseignes de magasins	
• Le logement • Les meubles • La localisation • Le corps • La santé • La fréquence	• La liaison et l'enchaî-nement (1) • Les voyelles nasales [ɛ̃] – [ɑ̃]	**Culture : le logement** > Les petites annonces > La publicité d'un magasin > Le formulaire de changement d'adresse > La bande dessinée	
• Les ingrédients • Les appareils • Les loisirs • Les médias • Les rubriques / les titres • L'informatique	• Les voyelles nasales [ɑ̃] – [ɔ̃] • Les voyelles [ø] – [œ] – [o] – [ɔ]	**Culture : les médias** > La recette > Le mode d'emploi > Le site Internet > Le test > La critique de film	
• Les vêtements • Les caractéristiques physiques – les couleurs • Les mois de l'année • La date • La famille • Les habitudes	• La liaison et L'enchaîne-ment (2) • Les consonnes [ʃ] – [ʒ]	**Culture : la famille** > Les magazines de mode > Le test de personnalité > L'album de famille > Les légendes de photos	
• Les nombres ordinaux • La ville et la campagne • Les loisirs • Le sport • La musique	• Les sons [s] [z] • L'élision et la chute du [ə]	**Culture : Montpellier** > Le dépliant touristique > L'affiche	
• La formation professionnelle • Les relations • Les caractéristiques psychologiques • L'art • Les animaux • Les matières	• Les voyelles [e] et [ɛ] • L'intonation expressive : surprise, enthousiasme	**Culture : une visite au musée** > La demande de formation > L'affiche	
• Les habitudes alimentaires • Les quantités relatives • Les poids et les mesures • Le tourisme • Les voyages • La presse	• Les voyelles nasales [ɛ̃] – [ɑ̃] – [ɔ̃] • Les consonnes [r] et [l]	**Culture : la compétition francophone** > Le magazine > La une d'un journal > L'article de presse	

1  > Piste 2

J'écoute et je trouve les personnages.

Nora Benamar
26 ans
vendeuse

Mélis Güney
20 ans
étudiante

Mathilde Meunier
65 ans
retraitée

Édouard Bergerin
27 ans
graphiste

Les personnages

Jeanne Meunier
17 ans
lycéenne

Paul Malongo
42 ans
homme d'affaires

Anna Delarue
30 ans
sans activité

Les amis du cours de cuisine

 2

Avec mon voisin, on donne les prénoms des amis du cours de cuisine.

SALUER

1 **> Piste 3**  DVD Rom

J'écoute et j'associe un dialogue à un dessin.

Dialogue a.   Dialogue b.   Dialogue c.

bonjour !

1   2   3

SE PRÉSENTER

2 **> Piste 4** 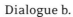 DVD Rom

J'écoute et je répète l'alphabet.

> **L'alphabet**
> *Les 26 lettres de l'alphabet*
> A B C D E F G H I J K L M N O P Q R S T U V W X Y Z
> a b c d e f g h i j k l m n o p q r s t u v w x y z

1

3

J'entoure les lettres de l'alphabet français.
B H Y Đ q š w Đ U ß T r j ç Đ p è k
H Ñ u L s

5

Je lis les dialogues et je trouve les photos.

a. – Pierre Granier, bonjour.
    – Anne Loti, enchantée !

b. – Bonjour ! Moi, c'est Nicolas.
      Et toi ?
    – Moi, c'est Michel.

4

Je dis les lettres de mon prénom.

2

Rencontre avec le français

COMPTER DE 0 À 69

6 **> Piste 5** DVD Rom

J'observe et j'écoute.

> 0 = zéro / 1 = un / 2 = deux / 3 = trois /
> 4 = quatre / 5 = cinq / 6 = six / 7 = sept /
> 8 = huit / 9 = neuf / 10 = dix / 11 = onze /
> 12 = douze / 13 = treize / 14 = quatorze /
> 15 = quinze / 16 = seize / 17 = dix-sept /
> 18 = dix-huit / 19 = dix-neuf / 20 = vingt /
> 21 = vingt et un / 22 = vingt-deux /
> 23 = vingt-trois / 24 = vingt-quatre /
> 25 = vingt-cinq / 26 = vingt-six /
> 27 = vingt-sept / 28 = vingt-huit /
> 29 = vingt-neuf / 30 = trente /
> 40 = quarante / 50 = cinquante /
> 60 = soixante

7  **> Piste 6** DVD Rom

J'écoute et j'écris les nombres.

a. ...   d. ...   g. ...   j. ...
b. ...   e. ...   h. ...   k. ...
c. ...   f. ...   i. ...   l. ...

8 ✏

Je complète la phrase jusqu'à 5.

*Dans la classe idéale, il faut
un ... ,
deux ... ,
trois ... ,
quatre ... ,
cinq ... .*

9  **> Piste 7** DVD Rom

**J'écoute et je note le numéro
de téléphone.**

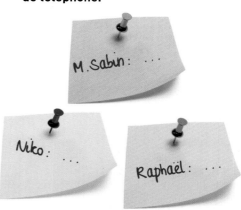

M.Sabin : ....

Niko : ...

Raphaël : ...

COMMUNIQUER EN CLASSE

10 ✏

**J'associe un symbole à une
définition.**

a.   1. Je parle

b.   2. J'écris / Je note

c.   3. Je lis / J'observe

d.   4. On parle ensemble

e.   5. J'écoute

f.   6. Jeu

g. ●   7. Je joue la scène

h. ▮   8. Je parle avec mon
voisin

11 **> Piste 8** DVD Rom

**J'observe les dessins. J'écoute le professeur et je classe les images
dans l'ordre.**

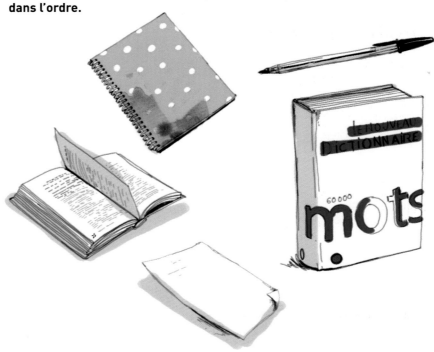

Jour 1

A1.1

08:00

09:00

Rendez-vous 1
10:00 Atelier gourmand

11:00

12:00

13:00

14:

15:00

DE VOUS À MOI

16:00

17:00

18:00

19:00

Rendez-vous 2
Librairie
"Le Livre"

20:00

21:00

22:00

23:00

LONDRES

ROYAUME-UNI

Boulogne-sur-Mer

BRUXELLES

ALLEMAGNE

BELGIQUE

Lille

Manche

PICARDIE

LUXEMBOURG

Cherbourg

Amiens

Deauville   Le Havre   Honfleur

Caen   Rouen

Reims

Metz

Nancy   Strasbourg

NORMANDIE

Seine

PARIS

ALSACE

Colmar

Rhin

Saint-Malo

Chartres

Mulhouse

Brest

BRETAGNE

Rennes   Le Mans   Orléans

Saône

Besançon

Quimper

Mont-Saint-Michel

Angers   Tours   Bourges   Dijon

BOURGOGNE

La Baule   Nantes

Loire

SUISSE

Futuroscope

Poitiers

Lausanne

Genève

océan

La Rochelle

Vichy

Lyon

Royan   Cognac   Clermont-Ferrand

Atlantique

PÉRIGORD

Périgueux   MASSIF

Grenoble   ITALIE

CENTRAL   ALPES

Dordogne   *Rhône*

Bordeaux

Garonne   Avignon   PROVENCE

Nîmes   Arles   Aix-en-   Nice

Biarritz   Provence

Toulouse   Montpellier   Cannes

Bilbao   Saint-Tropez

P Y R É N É E S   Carcassonne   LANGUEDOC   Marseille

Perpignan

ANDORRE   Bastia

ESPAGNE   *mer Méditerranée*   CORSE

Ajaccio

Barcelone

200 km

SALUER ET SE PRÉSENTER

1

J'associe les mots à un dessin.

a. Salut **f.** Bonjour
b. Au revoir **g.** Bonsoir
c. À demain **h.** Ça va ?
d. Comment allez-vous ?
e. Ça va bien, merci.

2 > **Piste 10** DVD Rom

J'écoute. Sur la carte de France, je trouve la ville et je donne le prénom des 4 personnes.

Brita – Rita – Bertha
Elle habite à Lille et elle s'appelle Rita.

a. Mattéo – Mathis – Mathieu
b. Mona – Mina – Manon
c. Éthan – Nathan – Évan
d. Lilou – Lila – Lola

> **Saluer et prendre congé**
> Bonjour ! / Salut ! Bonsoir ! / Salut !
> Ça va ? – Ça va bien, merci. Et toi ?
> Comment allez-vous ? – Ça va bien, merci. Et vous ?
>
> Au revoir ! / Salut !
> 9 h 00 : Bonne journée !
> 13 h 00 : Bon après-midi !
> 18 h 00 : Bonne soirée !
> 22 h 00 : Bonne nuit !

DIRE LA NATIONALITÉ

    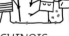

FRANÇAIS FRANÇAISE ESPAGNOL ESPAGNOLE ITALIEN ITALIENNE AMÉRICAIN AMÉRICAINE CHINOIS CHINOISE

3

J'observe et j'associe les photos aux textes.

a. Je suis française.
b. Je suis québécois.
c. Je suis américaine.
d. Je suis espagnole.
e. Je suis brésilien.

4 **Jeu de la nationalité.**

5

Je me présente.

a. Je complète la fiche.
b. Je donne la fiche au professeur.

> NOM : ....
> PRÉNOM : ....
> NATIONALITÉ : ....

6 **Je me présente à la classe.**

Grammaire

Le présent des verbes « s'appeler », « être », « habiter »

Je m'appelle, je suis, j'habite…

• On utilise les verbes « s'appeler », « être », « habiter » au présent pour se présenter.

Je m'appelle	Nous nous appelons
Tu t'appelles	Vous vous appelez
Il / Elle / On s'appelle	Ils / Elles s'appellent

• – *Vous habitez à Marseille ? – Non, j'habite à Lyon.*

J'habit…	Nous habit…
Tu habit…	Vous habit…
Il / Elle / On habit…	Ils / Elles habit…

• Le verbe « être » :
– *Tu es française ? – Oui, je suis française.*

Je suis	Nous sommes
Tu es	Vous êtes
Il / Elle / On est	Ils / Elles sont

1.

Je note les terminaisons du verbe *habiter*.

2.

Je lis les messages.

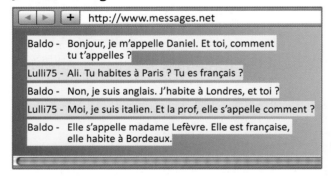

Baldo -	Bonjour, je m'appelle Daniel. Et toi, comment tu t'appelles ?
Lulli75 -	Ali. Tu habites à Paris ? Tu es français ?
Baldo -	Non, je suis anglais. J'habite à Londres, et toi ?
Lulli75 -	Moi, je suis italien. Et la prof, elle s'appelle comment ?
Baldo -	Elle s'appelle madame Lefèvre. Elle est française, elle habite à Bordeaux.

3.

Vrai ou faux ? Je réponds.

a. On connaît le prénom et la nationalité de Baldo.
b. On connaît le prénom et la nationalité de Lulli75.
c. On connaît la nationalité de madame Lefèvre.
d. Baldo habite à Paris.

4.

Je présente Baldo, Lulli75 et madame Lefèvre. J'écris la présentation des trois personnes.

Le masculin et le féminin des nationalités

Il est espagnol. → *Elle est espagnole.*

• Au féminin, on ajoute « -e » :
il est chinois → *elle est chinoise*
Avec « -en » au masculin, on écrit « -enne » au féminin : *il est canadien* → *elle est canadienne*

Attention !
il est turc → *elle est turque*
il est grec → *elle est grecque*
il est russe → *elle est russe*
il est serbe → *elle est serbe*

5. **> Piste 11**

J'écoute les présentations.

a. C'est un homme ? C'est une femme ?
Dialogue 1 : C'est un homme.

b. J'écris la présentation de chaque personne : prénom et nationalité.
Il s'appelle Paolo. Il est sénégalais.

6.

Je reçois un message. J'écris les nationalités.

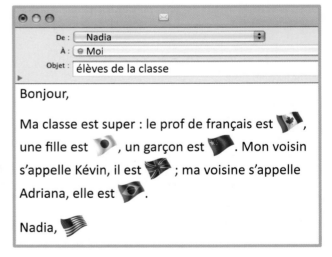

De : Nadia
À : Moi
Objet : élèves de la classe

Bonjour,

Ma classe est super : le prof de français est 🇨🇦, une fille est 🇯🇵, un garçon est 🇨🇳. Mon voisin s'appelle Kévin, il est 🇬🇧 ; ma voisine s'appelle Adriana, elle est 🇧🇷.

Nadia, 🇺🇸

7.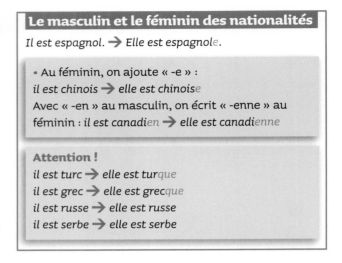

Dans le livre, je cherche trois personnes. J'écris le nom, le prénom et la nationalité.

Les pronoms personnels sujets et toniques

Moi, je m'appelle...

> • Les pronoms **sujets** sont obligatoires devant le verbe.
> • Les pronoms **toniques** se mettent devant le pronom sujet pour insister.
> *Moi*, je suis français, et *toi* ?
> *Toi*, tu es...
> *Lui*, il est / *Elle*, elle est...
> *Nous*, nous sommes...
> *Vous*, vous êtes...
> *Eux*, ils sont / *Elles*, elles sont...

8.

Je parle avec mes voisins.

– *Je m'appelle Pablo. Et toi, tu t'appelles comment ?*
– *Nous, nous habitons à Londres. Et vous ?*

8.

J'associe une question à une réponse. J'écris les 5 dialogues et je complète avec *moi, elle, lui, nous, eux.*

a. Je m'appelle Denis. Et elle?

b. Le prof est français. Et Mathieu ?

c. Jean et Marie habitent à Nice. Et vous ?

d. Comment ça va ?

e. Les filles sont à Bordeaux. Et les garçons ?

1. ..., ça va bien merci.

2. ..., ils sont à Paris.

3. ..., il est italien.

4. ..., nous habitons à Lille.

5. ..., elle s'appelle Fred.

9.

Je parle avec mes voisins ;

- *Je m'appelle Pablo. Et toi, tu t'appelles comment ?*
- *Nous nous habitons à Londres, et toi ?*

L'alphabet, les lettres et les sons

1. **(1)** **> Piste 12** DVD Rom

J'écoute et je prononce les sons et les mots.

a. Les voyelles :

[i] ici   [y] russe
[e] écouter [ø] deux
[ɛ] elle   [ə] le
[a] classe   [œ] heures

[u] vous   [ɛ̃] cinq   [ɔ̃] nom
[o] hôtel   [ɑ̃] France
[ɔ] sport

b. **(1)** **> Piste 13** DVD Rom

Les consonnes :

[p] Patrick   [f] fête – photo
[b] Barnabé   [v] vélo
[t] Théo   [l] Lille
[d] Daniel   [r] Paris
[k] Canada   [s] cinéma – français
[g] Grèce   [z] zéro – rose
[m] Maroc   [ʃ] chinois
[n] Nigéria   [ʒ] japonais – âge
[ɲ] Espagne

2. **(1)** **> Piste 14** DVD Rom

J'écoute et j'observe le nombre de lettres et le nombre de sons dans les mots suivants.

a. Canada   6 lettres   [kanada]
   → 6 sons (3 consonnes et 3 voyelles)
b. nous   4 lettres   [nu]
   → 2 sons (1 consonne et 1 voyelle)
c. hommes   6 lettres   [ɔm]
   → 2 sons (1 voyelle et 1 consonne)
d. japonais   8 lettres   [ʒaponɛ]
   → 6 sons (3 consonnes et 3 voyelles)

3.

J'écris le nombre de lettres et le nombre de sons dans les mots.

a. français   .... lettres   [frɑ̃sɛ]   .... sons
b. drapeau   .... lettres   [drapo]   .... sons
c. femme   .... lettres   [fam]   .... sons
d. message   .... lettres   [mesaʒ]   .... sons
e. bonjour   .... lettres   [bɔ̃ʒur]   .... sons
f. classe   .... lettres   [klas]   .... sons

➡ Donner des informations personnelles

1 🎧 **> Piste 15** 💿 DVD Rom

J'écoute la présentation et j'écris le nom d'Anna, Mélis et Paul.

2 🎧 **> Piste 16** 💿 DVD Rom

J'écoute la suite de la présentation et j'écris la nationalité et la ville ou le pays.

3 ✏

J'écris les informations sur Anna et Paul.

Elle s'appelle Mélis. Elle est turque et elle habite à Istanbul.

Atelier gourmand

1 Rendez-vous

Entrer en contact

4

Je suis dans le jardin de l'atelier gourmand. Je salue les étudiants et je me présente.

5

Je choisis une personne (pages 6-7). Je présente la personne à mon voisin.

Faire connaissance

Étape 1 : Je complète la fiche.

Étape 2 : Je donne la fiche au professeur.

Étape 3 : Le professeur me donne la fiche d'un étudiant.

Étape 4 : J'identifie l'étudiant et je présente l'étudiant à la classe.

NOM : ....

PRÉNOM : ....

NATIONALITÉ : ....

VILLE : ....

ADRESSE @ : ....

TÉLÉPHONE : ....

COMPRENDRE ET SE FAIRE COMPRENDRE

1  **> Piste 17** DVD Rom

J'observe le dessin et j'écoute. Qui parle ?

a. Dessin ...   **b.** Dessin ...

c. Dessin ...   **d.** Dessin ...

> Comment ? = Quoi ? = Pardon ?
> = Je ne comprends pas.

2

J'associe les phrases aux situations.

Je dis...   quand...

Tu peux répéter ? → *Je veux écouter encore une fois.*

a. Pardon... Excusez-moi...   **1.** Je demande quelque chose.

b. S'il vous plaît... S'il te plaît...   **2.** Je ne sais pas écrire un mot.

c. Ça s'écrit comment ?   **3.** Je ne comprends pas un mot.
 Vous pouvez épeler, s'il vous plaît ?   **4.** Je m'excuse.

d. Ça veut dire quoi... ?   Je demande une information.

3

Avec mon voisin :

a. On écrit un dialogue avec trois phrases de l'activité 2.

b. On joue le dialogue.

DIRE LE JOUR ET L'HEURE

Les jours de la semaine
lundi – mardi – mercredi – jeudi – vendredi – samedi – dimanche

La boutique

Horaires
Lundi, mardi, mercredi,
jeudi, vendredi et samedi
9 h à 19 h 30

Nocturne le jeudi :
Magasin ouvert jusqu'à 22 h

Fermé le dimanche

LA BOULANGERIE

OUVERT

DU MARDI AU SAMEDI   DIMANCHE

Fermé le lundi

En France, la semaine commence
le lundi. En général, les Français
ne travaillent pas le dimanche.

4

Vrai ou faux ? Je lis les documents et je réponds.

a. La boutique est ouverte le mardi.
b. La boutique est fermée le jeudi soir.
c. La boulangerie est ouverte du mardi au samedi.
d. La boulangerie est fermée le dimanche matin.

5

J'écris les jours.

Pour demander l'heure
– Vous avez l'heure ?
– Quelle heure est-il ?
Pour dire l'heure
– Il est 13 heures.
– Midi.

6

Je lis les heures des pendules.

09:00 Il est 9 heures.

09:15 Il est 9 heures 15.
Il est 9 heures et quart.

09:30 Il est 9 heures 30.
Il est 9 heures et demie.

09:45 Il est 9 heures 45.
Il est 10 heures moins le quart.

12:00 Il est midi.
Il est minuit.

7

J'écris les heures.

  6:20

19:40 **22:50**

---

8 **> Piste 18**

**J'écoute l'horloge parlante.
J'écris l'heure pour chaque ville.**

9

**Quelle heure est-il à Paris ?
Et chez vous ?**

10 **> Piste 19**

J'écoute le professeur et je réponds aux questions.

Grammaire

Le présent du verbe « avoir »

– *J'ai 20 ans et toutes mes dents !* – *Pas moi !*

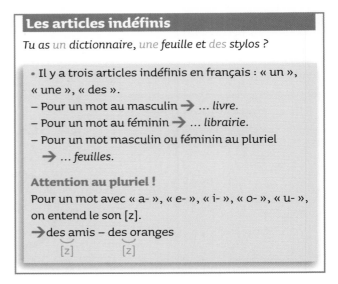

• Le verbe « avoir » s'utilise pour dire l'âge et pour marquer la possession.
Tu as *un stylo rouge.*

J'ai	
Tu as	
Il a – Elle a – On a	« Ils ont / Elles ont »
Nous avons	[z] [z]
[z]	≠ « Ils sont / Elles sont »
Vous avez	[s] [s]
[z]	
Ils ont – Elles ont	
[z] [z]	

1.

Je dis mon âge au groupe. On calcule l'âge moyen de la classe.

2.

J'observe la photo. J'écris l'âge des personnes. Je compare avec mon voisin.

Jean
Monique
David
Léo
Marie
Rose

Les articles indéfinis

Tu as un *dictionnaire,* une *feuille et* des *stylos ?*

• Il y a trois articles indéfinis en français : « un », « une », « des ».
– Pour un mot au masculin → … *livre.*
– Pour un mot au féminin → … *librairie.*
– Pour un mot masculin ou féminin au pluriel
→ … *feuilles.*

Attention au pluriel !
Pour un mot avec « a- », « e- », « i- », « o- », « u- », on entend le son [z].
→des amis – des oranges
[z]   [z]

3.

Je complète la règle avec *un, une, des*.

4.

Je lis un message et j'écris les articles *un, une, des*.

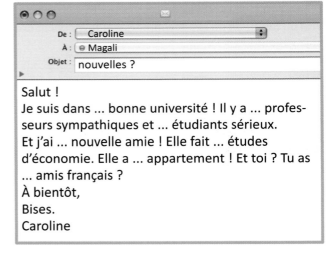

De : Caroline
À : Magali
Objet : nouvelles ?

Salut !
Je suis dans … bonne université ! Il y a … professeurs sympathiques et … étudiants sérieux.
Et j'ai … nouvelle amie ! Elle fait … études d'économie. Elle a … appartement ! Et toi ? Tu as … amis français ?
À bientôt,
Bises.
Caroline

5.

Je fais la liste des objets.
Dans les poches,
il a …
elle a …
ils ont …

Les questions avec « comment » et « combien »

Salut, je m'appelle Tadenochkalif !
Et toi, comment tu t'appelles ?

• Pour poser des questions, on ajoute un « ? » :
Tu comprends ?
On peut aussi ajouter un mot interrogatif :
Comment tu vas ? Combien il y a d'élèves ?

6. **> Piste 20**

L'extraterrestre pose des questions. J'écoute et je joue la scène avec mon voisin.

- Dsudjik sifkou ?
- Comment ?
- Fséjik faskou ?
- Combien ?
- Baf jadofès ?
- Je ne comprends pas.

7.

Thomas comprend l'extraterrestre. Voici les réponses de Thomas. J'écris les questions de l'extraterrestre.

a. … – Ça va, merci.
b. … – Moi, je m'appelle Thomas.
c. … – Ça s'écrit T-H-O-M-A-S.
d. … – Dans la classe, il y a 36 élèves.

8.

Dans la classe, je pose des questions et je trouve une personne… J'écris son prénom.

→ *La personne a cinq lettres dans son prénom.*
Elle s'appelle Paule. Paule a cinq lettres dans son prénom.
a. La personne parle deux langues étrangères.
b. La personne a 20 ans.
c. La personne connaît le nom d'une ville de Mongolie.

Phonétique

L'intonation de la phrase interrogative

Tu es étudiant ? ↗
Comment tu t'appelles ? ↘

• Quand on pose une question, la voix **monte** ou **descend**.
• Quand il n'y a pas de mot interrogatif, en général, la voix **monte** ↗.
• Quand il y a un mot interrogatif au début de la question, en général, la voix **descend** ↘.

1. **> Piste 21** DVD Rom

J'écoute et je répète les dialogues suivants.

a. Comment tu t'appelles ? ↘
Je m'appelle Paul. ↘

b. Comment ça s'écrit ? ↘
Ça s'écrit P-A-U-L. ↘

c. Tu as quel âge ? ↗
J'ai 20 ans. ↘

d. Tu parles français ? ↗
Oui, je parle français. ↘

2. **> Piste 22** DVD Rom

J'écoute les questions et je note si la voix monte ou descend comme dans l'exemple.

Exemple : Tu parles anglais ? ↗
Comment tu vas ? ↘

a. Comment tu t'appelles ?
b. Tu es français ?
c. Tu habites ici ?
d. Comment ça s'écrit ?
e. Combien d'étudiants il y a dans la classe ?
f. Tu parles français ?

3. **> Piste 23** DVD Rom

J'écoute et je répète ce dialogue. Je fais attention à l'intonation de la phrase.

- J'ai une amie. Et elle s'appelle Annie. ↘
- Elle est française ? ↗
- Oui, et elle habite à Paris. ↘
- Vraiment ? Elle habite à Paris. ↗
- Et elle a 18 ans. ↘
- Ah ! Elle a 18 ans ? ↗
- Et elle est ici ! ↘
- Non, c'est vrai ? Elle est ici ??? ↗

➡ Noter des horaires

La librairie est ouverte
du mardi au samedi,
le matin de neuf heures à midi
sauf le vendredi
et l'après-midi de treize heures
à dix-sept heures.

**À la librairie, vous pouvez acheter
des objets : des stylos, des cahiers...
et des livres bien sûr !**

*La librairie propose aussi
un **atelier écriture**.
C'est gratuit ! Mais attention,
le nombre de places est limité
à 25 personnes !
Pensez à réserver !*

❶ 🖎

J'observe le document. J'écris :

a. les horaires d'ouverture.
b. les objets à acheter.
c. le prix de l'activité proposée.
d. le nombre maximum de personnes.

❷ 🎧 **> Piste 24** 💿 DVD Rom

J'écoute et j'écris dans mon agenda :

a. les jours et les heures.
b. le numéro de téléphone.
c. le courriel de Mathilde.

*Les numéros de téléphone portable
commencent par 06 ou 07.*

Librairie "Le Livre"

Chercher une information

 3

Je ne comprends pas les informations de l'affiche de la librairie. Je demande à Mathilde. Je joue la scène avec mon voisin.

> *En français :*
> *- on dit « tu » aux amis, à la famille ;*
> *- on dit « vous » aux personnes âgées, aux professeurs, aux directeurs.*

4

J'achète deux livres en français, six stylos, trois cahiers et un dictionnaire. Il y a deux problèmes sur le ticket.

a.
Je trouve les deux problèmes.

b.
J'explique le problème à Mathilde. Je joue la scène avec mon voisin.

```
            TICKET
   Librairie Le Livre

2 livres –
Lecture facile      2 x 4,50
                        9,00
8 stylos            8 x 0,80
                        6,40
3 cahiers           2 x 2,50
                        5,00
1 dictionnaire       11,20

- - - - - - - - - - - - - - - -
TOTAL       24,60 euros
```

5 ✎

Sur la porte, je trouve le message de Mathilde. J'écris un message. Je réponds aux questions et je pose une question sur le rendez-vous à Mathilde.

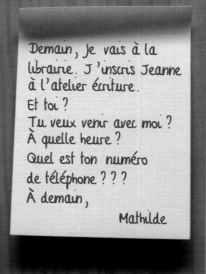

> Demain, je vais à la librairie. J'inscris Jeanne à l'atelier écriture.
> Et toi ?
> Tu veux venir avec moi ?
> À quelle heure ?
> Quel est ton numéro de téléphone ? ? ?
> À demain,
>
> Mathilde

Organiser un planning

Étape 1 : Ensemble, on décide des jours et des heures pour créer un planning d'aide aux devoirs.

Étape 2 : En petits groupes, on écrit le prénom d'un étudiant pour tous les jours et les heures du planning.

Étape 3 : Un groupe écrit le prénom des étudiants sur le planning avec le numéro de téléphone et le courriel.

Étape 4 : On affiche le planning dans la classe. Chaque étudiant peut mettre une photo ou un dessin à côté de son nom.

Culture *Vidéo*

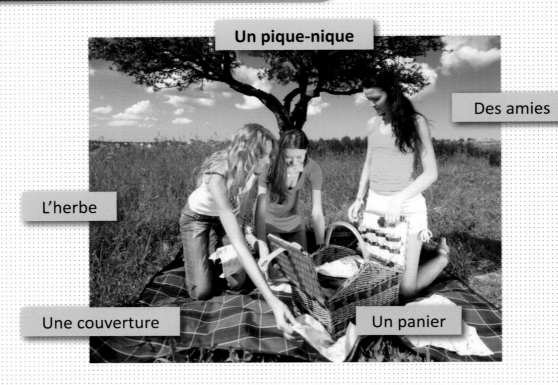

Un pique-nique

Des amies

L'herbe

Une couverture

Un panier

1 Regardez.
Qui pique-nique ?
Associez les images et les mots.

a.

b.

c.

d.

des Parisiens

des familles

des amis

e.

f.

Les pique-niques en ville
De plus en plus de Parisiens et de touristes aiment pique-niquer sur l'île de la Cité, le Champs de Mars ou les quais de Seine.
Les rendez-vous s'organisent rapidement entre amis, par courriel ou texto.

>> Et chez vous ?

PIQUE-NIQUE À PARIS

Paris vert

La capitale possède plus de 400 parcs et jardins. Les petits sont des « squares »,
les moyens sont des « jardins » et les grands sont des « parcs », sans parler des deux
bois qui entourent Paris : le bois de Boulogne et le bois de Vincennes. Les espaces verts
parisiens sont tous accessibles en métro ou en bus.

En été, les kiosques et les pelouses accueillent des orchestres de jazz, de musique du monde
ou de musique classique. Pour les enfants, il y a des espaces de jeux, des promenades en
poney, des balançoires et des manèges. De nombreuses visites guidées sont organisées.

>> **Et chez vous ?**

Pour en savoir plus : www.paris.fr

Écoutez.

2 *Quels bruits ?*

Retrouvez l'ordre des sons de la vidéo.

a. / n°...

b. / n°...

c. / n°...

d. / n°...

e. / n°...

Écoutez.

3 *Quels mots ?*

Choisissez les mots entendus.

| bonjour | bonsoir | merci beaucoup | bonne nuit | bonbon |

| melon | ballon | oui ! | ça va ! |

Les quais de Seine

Les quais de Seine représentent un véritable
site de promenades et de divertissement.
Découvrez les grands monuments parisiens
et les grands hôtels le long du fleuve, traversé
par les péniches et les bateaux-mouches,
sans oublier les grands ponts parisiens,
les bouquinistes…

Exprimez-vous.

4 *Avec qui ?*

**Vous rencontrez des pique-niqueurs au bord
de la Seine. Vous vous présentez et faites
connaissance. Imaginez et jouez la scène
en petits groupes.**

Jour 2

A1.1

Rendez-vous 1

à découvrir
- Présenter quelqu'un
- Compter de 70 à 1 000
- Parler des professions

à savoir, à prononcer
- Le présent des verbes en -er
- Le féminin des professions
- Les questions avec *quel*
- Les voyelles [i] – [e] – [ɛ] – [a]

à faire
Présenter une personne célèbre

Rendez-vous 2

à découvrir
- Parler de ses goûts
- Accepter et refuser

à savoir, à prononcer
- Le pluriel des noms et des adjectifs
- Les articles définis
- La négation *ne... pas*
- Le rythme, l'accent et la syllabe

à faire
Créer un menu

Culture Jeux

Savoir vivre

08:00

09:00

10:00

Rendez-vous 1

11:00 Inscription à la cafétéria

12:00

13:00

14:00

15:00

16:00

17:00

18:00

19:00

Rendez-vous 2

20:00 **Diner surprise**

21:00

22:00

23:00

Mehdi Barani
36 rue Boris Vian
93160 Noisy-le-Grand
23 ans
Célibataire
medhibarani@hipmail.com

ÉTUDES :
• École de journalisme à l'université de Paris 2 (2009)
• Baccalauréat littéraire au lycée René Char (2007)

STAGES :
• 6 mois au magazine *Auto Hebdo*
• 3 mois au journal *L'Équipe*

À la rédaction du journal *Rue 88*

La secrétaire : Bonjour Hélène, monsieur Barani arrive à 11 heures, c'est le nouveau journaliste stagiaire. Il travaille avec vous, n'est-ce pas ?

La rédactrice : Non… Je ne sais pas… Peut-être… Vous connaissez ce stagiaire ?

La secrétaire : Non, mais j'ai la fiche. Il s'appelle Mehdi Barani. Il est étudiant à l'université de Paris 3. Il étudie le journalisme et il habite à Noisy-le-Grand.

La rédactrice : Il a quel âge ?

La secrétaire : 25 ans.

La rédactrice : Et il est célibataire ?

La secrétaire : Non, il n'est pas célibataire, il est marié.

La rédactrice : Des enfants ?

La secrétaire : Non.

La rédactrice : Merci Claire.

PRÉSENTER QUELQU'UN

1 > *Piste 44* DVD Rom

J'écoute le dialogue et je contrôle les informations sur le CV de Mehdi.

a. Je note les trois différences.

b. Vrai ou faux ?
1. La directrice connaît M. Barani.
2. M. Barani est stagiaire.
3. M. Barani habite à Paris.

2

a. J'associe les mots aux photos.

divorcé   célibataire

fiancé = en couple   marié

b. Je mets les mots dans l'ordre logique.

… … … …

3

Je choisis un mot dans l'activité 2 et je présente une personne célèbre.

COMPTER DE 70 À 1 000

4  **> Piste 45**

J'écoute les nombres. On répète les nombres.

Les nombres

70 = soixante-dix / 71 = soixante et onze / 72 = soixante-douze / …
80 = quatre-vingts / 81 = quatre-vingt-un / …
90 = quatre-vingt-dix / 91 = quatre-vingt-onze / …
100 = cent / 101 = cent un / …
200 = deux cents / …
800 = huit cents / 999 = neuf cent quatre-vingt-dix-neuf / 1 000 = mille

À retenir :

Il y a un tiret « - » ou « et » pour écrire les nombres jusqu'à 100.
– J'ai quarante-trois ans, et toi ? – Moi, j'ai cinquante et un ans !

5 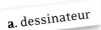 **> Piste 46**

J'écoute l'annonce et je note les numéros des stands.

Couloirs	Stands
A	155, …
B	…
C	…
D	…

6

Jeu des nombres.

PARLER DES PROFESSIONS

LES PROFESSIONS

a. dessinateur

b. architecte
Cyril Vernhet est architecte.
Il habite à Montpellier.
Il est célibataire.

e. vendeur
Claire Burle habite à Lyon.
Elle est mariée.
C'est une vendeuse.

Attention !

Il est journaliste.
C'est <u>un</u> journaliste.

Ils sont journalistes.
Ce sont <u>des</u> journalistes.

c. dentiste

d. pâtissier

f. musicien

7

J'associe une profession à une photo.

8

Je présente les personnes 1, 3, 4, 5 et 6.

9 **> Piste 47**

J'écoute l'annonce et j'écris le stand et la profession.

Stands	Professions
175	ingénieurs
…	…

10

Au salon, je me présente pour un stage. Je prépare un dialogue de présentation avec mon voisin.

– *Bonjour monsieur, je cherche un stage de vendeur. Je m'appelle Alain.*
– *Vous avez quel âge ?*
– *J'ai 25 ans.*
– *…*

Le présent des verbes en « -er »

Ce soir, elle travaille le français et vous travaillez les mathématiques !

Travailler	Parler	
Je travaille	Je	parle
Tu travailles	Tu	parl…
Il / Elle travaille	Il / Elle	parl…
Nous travaillons	Nous	parl…
Vous travaillez	Vous	parl…
Ils / Elles travaillent	Ils / Elles	parl…

• Les formes avec « e », « es », « ent » se prononcent de la même manière.
– parle, parles, parlent = [parl]
– étudie, étudies, étudient = [etudi]…

1.

J'observe les formes du présent. Je complète les terminaisons du verbe *parler*.

parler ➜ je parl + e

2.

Je lis les présentations et je complète les phrases avec les verbes à l'infinitif.

Pour parler de la langue, on utilise le verbe : parler

a. Pour parler de l'âge, on utilise le verbe : …
b. Pour donner le nom, on utilise le verbe : …
c. Pour parler de la nationalité, on utilise le verbe : …
d. Pour donner l'adresse, on utilise le verbe : …

Bonjour,
Nous nous présentons…
Nous avons 36 et 40 ans.
Nous habitons en Afrique du Sud. Nous sommes célibataires.

Il habite à Montréal.
Il a 32 ans.
Il est camerounais.
Il parle anglais et français.
Il s'appelle Bertrand.

Voici deux architectes ! Elles s'appellent Noémie et Catherine. Elles ont 26 et 29 ans. Elles habitent à Berlin. Elles sont allemandes et elles parlent français.

3.

J'utilise les verbes de l'activité 2. Je fais des phrases.
Au Japon / Didier et Marie / 24 et 30 ans / journalistes / au journal *Libération* / Madeleine / 24 rue de Turbigo / étudiante / à l'université de Paris 5 / le chocolat
Nous habitons au Japon…

4.

Je cherche trois verbes en -er dans le dictionnaire. J'écris trois phrases.

Le féminin des professions

• On ajoute « e » :	*avocat / avocate*
• On transforme :	
« -ien » / « -ienne »	*électricien / électricienne*
« -er » / « -ère »	*pâtissier / pâtissière*
« -eur » / « -euse »	*vendeur / vendeuse*
« -eur » / « - rice »	*directeur / directrice*
• On ne change pas le mot :	*peintre / peintre*

ÉCOLE PROFESSIONNELLE CIFAP
38 rue Gabrielle Josserand
75001 PARIS

Nous proposons des FORMATIONS pour être :

CIFAP

Cuisinier
Boulanger
Mécanicien
Vendeur
Directeur de communication
Peintre

Informations au 01 43 62 16 09 ou
info@cifap.fr ou
Stand 65 de 10 à 18 heures ou

5.

Je lis le document de l'école professionnelle et j'écris les professions au féminin.

6.

Je transforme cette publicité pour mon amie Laura.

> **TU ES ÉTUDIANT ET TU CHERCHES UN MÉTIER.**
> **Nous proposons des formations pour être électricien, peintre, commerçant et aussi musicien, acteur, chanteur.**

Tu es étudiante et tu cherches un métier. Nous proposons des formations pour être électricienne, ...

Les questions avec « quel »

Quelle école ? Quel jour ?
Quels métiers ? Quelles professions ?

- Pour poser une question avec un nom, on utilise « quel ».

Deux formes pour le masculin :
– avec un nom singulier : *quel*
– avec un nom pluriel : *quels*

Deux formes pour le féminin :
– avec un nom singulier : *quelle*
– avec un nom pluriel : *quelles*

7.

Je choisis la bonne forme de *quel* pour poser des questions à un étudiant étranger.

a. Tu as ... âge ?
b. Tu habites dans ... ville ?
c. Tu es né dans ... pays ?
d. Tu parles ... langues ?
e. Tu veux faire ... profession ?
f. Tu choisis ... atelier ?
g. ... heure est-il ?

8.

Avec mon voisin, on pose des questions avec *quel* et on répond.

– Tu habites à quelle adresse ?
– ...

Phonétique

Les voyelles [i] – [e] – [ɛ] – [a]

Pour écrire les sons [i] – [e] – [ɛ] – [a], j'utilise plusieurs lettres :

[i] i – y	il – ici – habite – Sylvie
[e] et – é – er – ez	et – marié – habiter – habitez
[ɛ] e(lle) – è – ê – ai	elle – père – être – j'aime
[a] a – à	il a – tu as – à

Attention ! *Femme* se prononce [fam].

1. **> Piste 48** DVD Rom

J'écoute et je répète les mots.

[i]	[e]	[ɛ]	[a]
il	thé	elle	la
Yves	fiancé	mère	là-bas
dire	habiter	êtes	classe
ici	étudiez	j'aime	mariage

2. **> Piste 49** DVD Rom

J'écoute les phrases et je note si on parle d'un homme ou d'une femme.

	Un homme	Une femme
Elle s'appelle Dominique et elle est architecte.		✓

3. **> Piste 50** DVD Rom

J'écoute et je complète les phrases avec *il*, *elle*, *es*, *est*, *et*, *a* ou *à*.

Je te présente Paul. **Il est** *français.* **Il a** *20 ans* **et il** *habite* **à** *Paris.*

a. Tu ... étudiant ? Non, je travaille ... je suis boulanger ... Angers.
b. Alain ? ... ... fiancé avec Céline. ... ... 26 ans ... ..., ... 28 ans.
c. Tu connais Lucie ? ... ... mariée, ... un enfant ... ... habite ... Versailles. ... ... musicienne.
d. C'... qui sur la photo ? C'... Sylvain. ... ... cuisinier ... ... marié avec ma cousine Claire. ..., ... photographe.

→ *Échanger des informations*

1 **> Piste 51** DVD Rom

C'est la fin de l'atelier gourmand. J'écoute le professeur. Je note les informations pour l'atelier de demain.

a. salle : ...
b. horaires : ...

2

L'école propose des ateliers. Un étudiant me pose des questions sur mon programme et sur les autres ateliers. Je joue la scène avec mon voisin.

- *Le cours de cuisine est à 10 h 30 ?*
- *Non, c'est...*

En Belgique, en Suisse et dans certaines régions de France et d'Italie, on dit *septante* (= 70), *octante* (= 80), *nonante* (= 90) au lieu de *soixante-dix*, *quatre-vingts* et *quatre-vingt-dix*.

Nom de l'atelier	Horaires	Professeur et salle
Gourmand	lundi et mercredi 9 h – 12 h	M. Pérez Gabriel Salle 284
Cuisine	lundi et mercredi 13 h – 16 h	M. Gajéro Philippe Salle 284
Pâtisserie	mardi et jeudi 9 h – 12 h	Mlle Dumont Chrystelle Salle 285
Salades	mardi et jeudi 13 h – 16 h	M. Baldingue Alain Salle 147

Mes ateliers

Inscription à la cafétéria

 S'inscrire à la cafétéria

3 ✎

Je complète les informations de ma carte de cafétéria.

Nom :
Prénom :
Nationalité :
Âge :
Adresse :
Atelier :

CoPro
conseils
professionnels

PAUL MALONGO
Directeur général

-42 ans
-gabonais

76 rue Saint-Jacques, 75005 Paris
Portable : 06 54 15 21 08 // Tél : 01 42 57 63 12
Courriel : paul.malongo@copro.fr

4

J'ai la carte de visite de Paul. Je donne les informations. Le responsable complète la carte de cafétéria de Paul.

TÂCHE

Présenter une personne célèbre

Étape 1 : En petits groupes, on choisit un artiste ou un sportif célèbre.

Étape 2 : On écrit des informations sur la personne et sur ses activités.

Étape 3 : On présente la personne à la classe et on répond aux questions.

LES ALIMENTS

L'enquêteur : Bonjour ! Je peux vous poser cinq questions sur les repas ?

La jeune femme : Oui, bien sûr.

L'enquêteur : Combien de fruits vous mangez par jour ?

La jeune femme : Eh bien… 2 ou 3 fruits. J'aime beaucoup les fruits et les légumes verts.

L'enquêteur : Vous mangez du fromage ?

La jeune femme : J'adore le fromage mais je déteste le lait !

L'enquêteur : Et vous aimez la viande ?

La jeune femme : Non, je n'aime pas la viande mais j'aime le poisson et les œufs.

L'enquêteur : Vous mangez du pain au petit déjeuner ?

La jeune femme : Oui, je mange des tartines avec un jus de fruits.

L'enquêteur : Vous aimez les gâteaux ?

La jeune femme : Oui, j'adore les gâteaux avec un thé ou un café !

L'enquêteur : Merci mademoiselle !

ENQUÊTE

Note à l'enquêteur : cocher la case correspondant à la réponse donnée.

	J'adore 💜💜💜	J'aime beaucoup 💜💜	J'aime 💜💜	Je n'aime pas	Je déteste
Les fruits		X			
Le fromage	X				
Le lait					X
La viande				X	
Le poisson		X			
Les œufs		X			
Le café / le thé	X				
Les légumes		X			
Les gâteaux				X	

PARLER DE SES GOÛTS

1

J'observe le document a. et je réponds aux questions.

a. C'est :
1. un calendrier.
2. un programme.
3. une affiche.

b. Il présente :
1. des aliments.
2. des personnes.
3. des objets.

2  **> Piste 52** DVD Rom

J'écoute le dialogue.

a. Je vérifie les réponses de l'enquête.
b. Je corrige les erreurs.

3  **> Piste 52** DVD Rom

J'écoute encore le dialogue et je complète.

a. La jeune femme ... le poisson et les œufs.
b. La jeune femme ... la viande.
c. La jeune femme ... le fromage, mais elle ... le lait.

4

J'observe l'affiche et je présente mes goûts à mon voisin.

J'aime le poisson.
→ C'est bon le poisson !

J'adore. > J'aime beaucoup. > J'aime. > Je n'aime pas. > Je déteste.

C'est super bon ! > C'est très bon. > C'est bon. > Ce n'est pas bon. > C'est mauvais.

ACCEPTER ET REFUSER

5

J'observe les trois situations. J'associe une phrase à un dessin.
a. Il / Elle aime. **b.** Il / Elle déteste. **c.** Il / Elle ne sait pas.

6

J'observe les visages. J'associe une expression de l'encadré à un dessin.

Accepter et refuser
(+) Avec plaisir ! / Bien sûr ! / Pourquoi pas ?
(?) Peut-être… / Pourquoi pas ?
(-) Non. / Non merci. / Désolé !

7

Au supermarché. Je choisis les aliments pour chaque repas.

— Tu veux des yaourts pour le déjeuner ?
— Avec plaisir.
— Tu veux…

Les repas
8 h 00 : le petit-déjeuner
12 h 00 : le déjeuner
20 h 00 : le dîner

☒ à savoir
☒ à prononcer

Grammaire

Le pluriel des noms et des adjectifs

Les fruits, les légumes verts et... les gâteaux !

- En général, on ajoute la lettre « -s » :
la pomme rouge ➔ *les pommes rouges*
- Pour les mots avec « -eau », on ajoute la lettre
« -x » :
le gâteau ➔ *les gâteaux*
Attention !
On n'entend pas le « s » ou le « x » au pluriel.

1.

Je complète avec *s* ou *x*.

a. un légume vert ➔ trois légume... vert...
b. un fruit rouge ➔ deux fruit... rouge...
c. un gâteau ➔ trois gâteau...
d. une banane ➔ quatre banane...
e. un œuf ➔ des œuf...

2.

Je fais la liste des courses.

Les articles définis

Luc aime le fromage, les fruits et l'eau... de vie !

- Il y a 4 articles définis en français : « le », « la »,
« l' », « les ».
– pour un mot au masculin ➔ ... *poisson*
– pour un mot au féminin ➔ ... *viande*
– pour un mot masculin ou féminin avec « a », « e »,
« i », « o », « u », « y », « h » ➔ ... *eau*, ... *œuf*
– pour un mot au pluriel ➔ ... *légumes*
Attention au pluriel !
Pour un mot avec « a », « e », « i », « o », « u », on
entend le son [z].
➔ *les aliments ; les oranges*
  [z] [z]

3.

Je note *le, la, l', les* dans la règle.

4.

**En 1 minute, je complète la liste avec le maximum
de mots différents.**

a. le : le poisson, ...
b. la : la viande, ...
c. l' : l'eau, ...
d. les : les légumes, ...

5. **> Piste 53**

**J'écoute les dialogues.
J'écris les mots avec *le, la, l', les*.**

6.

**Je choisis trois verbes. Mon voisin choisit trois noms
au pluriel. Ensemble, on ajoute des adjectifs et on
fait des phrases.**
Aimer - Fruits
➔ *Les étudiants aiment les fruits rouges.*

La négation « ne... pas »

Je *n'aime* pas la viande mais j'adore les produits laitiers.

- La négation se place avant et après le verbe.
Je <u>mange</u> les fruits du jardin. ➜ Je *ne* <u>mange</u> pas les fruits du supermarché.
- « ne » ➜ « n' » + « a », « e », « i », « o », « u », « y », h »
J'<u>adore</u> le lait. ➜ Je *n'*<u>aime</u> pas le fromage.

7.

J'utilise ne... pas ou n'... pas pour faire des phrases.

Dîner avec mes voisins ➜ Je ne dîne pas avec mes voisins.

a. écouter la radio
b. manger deux fruits au déjeuner
c. jouer au volley-ball
d. étudier à l'université
e. regarder la télévision

8.

Je réponds aux questions sur le forum.

◀ ▶ ✛ http://www.forum.fr

Paul37 : Salut ! Tu es français ?

Seb : Non, ...

Paul37 : Tu parles bien français ?

Seb : Non, ...

Paul37 : Tu habites à Paris ?

Seb : Non, ...

Paul37 : Tu étudies l'économie ?

Seb : Non, ...

Paul37 : Tu aimes le poisson ?

Seb : Non, ...

Paul37 : Mais tu ne t'appelles pas Louis ?

Seb : Non, ...

Paul37 : Ah ! Désolé !

Phonétique

Le rythme, l'accent et la syllabe

Paul	➜ Paul	➜ 1 syllabe
Nora	➜ No – ra	➜ 2 syllabes
Sébastien	➜ Sé – bas – tien	➜ 3 syllabes

1. 🎧 **> Piste 54** 💿 DVD Rom

J'écoute et je répète les phrases.

a. Je <u>mange</u>.
  Je mange du <u>riz</u>.
  Je mange du riz au restau<u>rant</u>.
  Je mange souvent du riz au restau<u>rant</u>.
b. Bon<u>jour</u> !
  Bonjour <u>Paul</u> !
  Bonjour <u>Paul</u>, je suis ra<u>vie</u>.
  Bonjour <u>Paul</u>, je suis ravie de te <u>voir</u>.
c. So<u>phie</u>.
  Je m'appelle So<u>phie</u>.
  Je m'appelle Sophie Mar<u>tini</u>.
  Je m'appelle Sophie Mar<u>tini</u> et je suis étu<u>diante</u>.
  Je m'appelle Sophie Mar<u>tini</u> et je suis étudiante en philoso<u>phie</u>.

2. 🎧 **> Piste 55** 💿 DVD Rom

J'écoute des prénoms français et je note le nombre de syllabes.

	Une syllabe	Deux syllabes	Trois syllabes
Nora		✓	

3.

Je prononce et je compte les syllabes.

	1 syllabe		2 syllabes		3 syllabes
a.	le	➜	le lait	➜	le lait chaud
b.	Paul	➜	Paul aime	➜	Paul aime ça.
c.	Elle	➜	Elle est	➜	Elle est russe.
d.	J'ai	➜	J'ai vingt	➜	J'ai vingt ans.
e.	Nous	➜	Nous sommes	➜	Nous sommes trois.
f.	Tu	➜	Tu bois	➜	Tu bois quoi ?

→ *Choisir un restaurant*

1 **> *Piste 56*** DVD Rom

J'écoute le message. Je note l'heure et le nom du café.

2

J'observe les documents et j'associe les goûts des amis aux restaurants.

J'adore la cuisine orientale, surtout les gâteaux, danser et écouter de la musique !

La Méditerranée

Cuisine orientale, grand choix de viandes et desserts, soirée dansante, orchestre

Un restaurant sympa avec de la musique.

Chez Marcel

PLATS TRADITIONNELS DES RÉGIONS FRANÇAISES

SPÉCIALITÉS : POISSONS

Je déteste la viande ! J'adore les légumes et les poissons.

En France, je veux manger français ! J'aime manger des plats traditionnels.

3

Avec mon voisin, on parle de nos goûts. Ensemble, on choisit un restaurant.

Dîner surprise

BRASSERIE

Côte de porc
Sauce charcutière
11€50
Bourguignon
12€00

Décider d'un menu

Je lis le menu et je choisis :

- une entrée, un plat et une boisson
ou
- un plat, un dessert et une boisson.

**Problème en cuisine ! Pour aider
le cuisinier, par groupes de cinq,
on décide d'un seul menu par table.**

Menu

Entrée
Salade exotique
Légumes aux épices

Plat
Omelette au fromage
Poisson grillé aux herbes

Desserts
Plateau de petits gâteaux
Crème aux œufs et aux fruits rouges

Boissons
Cocktail spécial anniversaire
Eau
Café ou thé

Créer un menu

Étape 1 : Avec quelques amis, on veut ouvrir un restaurant : on choisit le
nom du restaurant, l'adresse et les spécialités.

Étape 2 : On crée un menu. On affiche le menu dans la classe.

Étape 3 : Tous ensemble, on choisit un menu et un restaurant pour dîner.

Culture Jeux

1 *Message effacé !*

Retrouvez le message.

Bonjour tout le monde !

2 *Message codé !*

Décodez le message.

9	8		5	12	14	1	6	5	!
	3	9	10	8	11	!			

1 = O	2 = N	3 = S	4 = B	5 = R	6 = I	7 = J
8 = U	9 = A	10 = L	11 = T	12 = E	13 = P	14 = V

À vous de jouer, écrivez un message codé.

Le saviez-vous ?

En France, pour dire bonjour et au revoir, on fait la bise aux amis. Selon les régions, on peut faire 1 bise, 2 bises, 3 bises ou 4 bises. Mais on commence à droite ou à gauche ?

>> Et chez vous ?

3 *Rébus.*

Trouvez les messages.

Exemple : **2** **1** : deux + riz + un = de rien

SAVOIR VIVRE

Le saviez-vous ?

En France, on arrive en général à l'heure pour un rendez-vous. Pour une invitation chez des amis, il faut arriver avec un retard de 10 ou 15 minutes. On peut apporter des fleurs ou une bouteille de vin.

>> **Et chez vous ?**

Le saviez-vous ?

Dans le Sud de la France, on utilise facilement le « tu ».

>> **Et chez vous ?**

4 *Tu ou vous ?*

Mettez les mots à la bonne place :

On dit « tu » à :...

On dit « vous » à :...

un supérieur – une personne âgée – un enfant – un ami – une personne de la famille – une personne inconnue.

5 *Salutations.*

1. Combien de personnes se saluent ?
2. Caroline dit bonjour à un client. Où est Caroline sur le dessin ?
3. Qui oublie les règles de politesse ? Trouvez les personnes sur le dessin.
4. Effacez les lettres inutiles dans les bulles pour retrouver les messages.

5. Petit théâtre : par groupes de cinq, amusez-vous à jouer une de ces scènes et imaginez la fin.

Jour 3 **A1.1**

Rendez-vous 1

à découvrir
- Découvrir son environnement
- Parler de la météo

à savoir, à prononcer
- Le présent des verbes *aller* et *faire*
- Les prépositions de lieu et les articles contractés
- La question avec *où*
- Les voyelles [i] [y] [u]

à faire
→ Présenter des informations sur une ville

Rendez-vous 2

à découvrir
- Se repérer dans un magasin
- Choisir des produits
- Demander poliment

à savoir, à prononcer
- Les partitifs
- *Il y a / Il n'y a pas*
- Le présent des verbes *acheter* et *choisir*
- Les voyelles [y] [ø] [o] [u]

à faire
→ Organiser les courses

Culture Vidéo 📖

Marché de la Villette

Évaluation A1.1

13:00

Rendez-vous 1
Carte Postale
14:00

15:00

DANS MA RUE

16:00

17:00

Rendez-vous 2
18:00 Courses

23:00

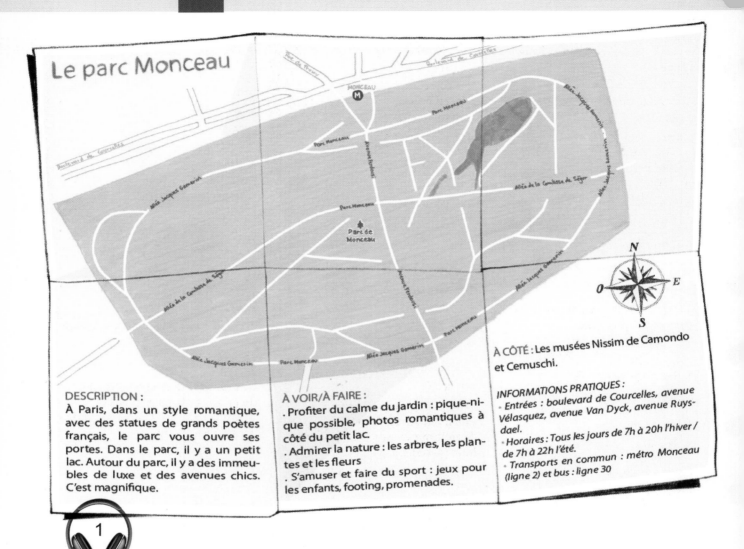

Le parc Monceau

DESCRIPTION :
À Paris, dans un style romantique, avec des statues de grands poètes français, le parc vous ouvre ses portes. Dans le parc, il y a un petit lac. Autour du parc, il y a des immeubles de luxe et des avenues chics. C'est magnifique.

À VOIR/À FAIRE :
. Profiter du calme du jardin : pique-nique possible, photos romantiques à côté du petit lac.
. Admirer la nature : les arbres, les plantes et les fleurs
. S'amuser et faire du sport : jeux pour les enfants, footing, promenades.

À CÔTÉ : Les musées Nissim de Camondo et Cernuschi.

INFORMATIONS PRATIQUES :
. *Entrées :* boulevard de Courcelles, avenue Vélasquez, avenue Van Dyck, avenue Ruysdael.
. *Horaires :* Tous les jours de 7h à 20h l'hiver / de 7h à 22h l'été.
. *Transports en commun :* métro Monceau (ligne 2) et bus : ligne 30

1

Un touriste : Bonjour monsieur ! C'est où le parc Monceau, s'il vous plaît ?

Un homme : Ah ! Le parc Monceau… C'est facile ! C'est près d'ici. Vous allez à la station de métro là-bas. La station s'appelle « Monceau » ! Il y a une entrée du parc à côté.

Un touriste : Mais… le parc a combien d'entrées ?

Un homme : Il y a aussi des entrées au nord, à l'est, au sud, mais elles sont loin…

Un touriste : Bon ! C'est pratique pour entrer et sortir du parc. Merci monsieur.

Un homme : Vous faites du tourisme ? Vous habitez ici, à Paris ?

Un touriste : Non, j'habite au Canada. Je voyage en France et aux Pays-Bas. Aujourd'hui, je visite la ville !

Un homme : Eh bien, vous avez de la chance ! Il fait beau pour visiter le parc !

Un touriste : Oui, c'est génial avec le soleil ! Merci monsieur, au revoir !

Un homme : Au revoir, jeune homme et bonne visite !

Carte postale

1 Rendez-vous

DÉCOUVRIR SON ENVIRONNEMENT

1   **> Piste 73**  DVD Rom

J'écoute le dialogue et je choisis la réponse.

a. Les deux personnes sont :
1. dans une rue.
2. dans un magasin.
3. dans une école.

b. Ils parlent :
1. du bus.
2. du parc.
3. du musée.

2

J'observe le document sur le parc Monceau. Il présente :

	Vrai	Faux
a. des horaires		
b. des commerces		
c. une ville		
d. des activités		
e. des transports		
f. des expositions		

3

Je fais le programme de la visite du parc Monceau pour :

– une étudiante : Elle est au parc à 15 heures, elle fait une promenade et elle visite le musée Camondo.

a. deux amoureux : Ils …
b. moi : Je …

4

Je note les expressions du dialogue et du guide pour indiquer une direction ou un lieu.

a. Dialogue : *C'est près d'ici / …*
b. Guide : *Au parc Monceau / …*

5

**Je suis au métro Monceau. Un touriste cherche le lac.
Je regarde le plan. Je donne des informations.**

- Bonjour, je cherche le lac…
- …

> **Pour indiquer…**
>
> **un lieu :**
> *à, en*
> J'habite en France, à Paris.
> *près de ≠ loin de*
> Lille est loin de Marseille.
> *dans, autour de*
> Autour du parc, il y a des immeubles.
> *à côté de*
> Il habite à côté de chez moi.
>
> **une direction :**
> *ici ≠ là-bas,*
> *au nord, au sud,*
> *à l'est, à l'ouest*

6

**Je présente la ville où j'habite.
Je fais des phrases avec les expressions : *à - dans - autour de - à côté de - là-bas.***

PARLER DE LA MÉTÉO

7

**Je choisis une ville sur la carte.
Je note la météo de la ville.**

> **La météo = Le temps**
>
> **le soleil**   **les nuages**
> Il y a du soleil.   Il y a des nuages.
> Il fait beau.   Il fait mauvais.
> Il fait chaud.   Il fait froid.
> Le ciel est bleu.   Le ciel est gris.
> Il fait 26 degrés.   Il pleut.
> Il neige.

La neige   La pluie

8

Je réponds à ce message sur un forum de voyages.

En octobre…

http://www.forum-meteo.fr

Climat en octobre en France

Bonjour à tous les Français.
Je vous adore et j'arrive chez vous en octobre.
Comment est la météo en octobre en France du Nord au Sud ?
D'autres questions bientôt…
Merci de me répondre.

Le soleil   Les nuages

Paris

Strasbourg

Nantes

Lyon

Bordeaux

Marseille

9 **> Piste 74**

J'écoute le dialogue et je note la météo pour Brest.

Le matin, il fait … ; le ciel … .
L'après-midi, il fait … ; le ciel … .

☒ à savoir
☒ à prononcer

Grammaire

Le présent des verbes *aller* et *faire*

Nous allons à Lyon ! Il fait froid là-bas !

Aller	[...]	Faire	[...]
Je vais	[ve]	Je fais	[fe]
Tu vas	[...]	Tu fais	[...]
Il / Elle va	[...]	Il / Elle fait	[...]
Nous allons	[...]	Nous faisons	[fezo]
Vous allez	[...]	Vous faites	[...]
Ils / Elles vont	[...]	Ils / Elles font	[...]

1.

Je lis les conjugaisons et je note la prononciation. J'utilise l'API p. 188.

2.

J'associe pour faire des phrases. Plusieurs solutions sont possibles.

a. Je   allons   en Italie pour les vacances.
b. Nous   fait   au Japon.
c. Il   font   un voyage au Maroc.
d. Elles   vont   une promenade dans le parc.
e. Ils   vais   à Madrid demain.

Les prépositions de lieu et les articles contractés

En France, à Paris, il y a des petits cafés sympas !

• Les prépositions de lieu

Pour localiser, on utilise :

« à » ➔ pour les villes
     Elle habite à Tours.

« en » ➔ pour les noms de pays au féminin
     ou commençant par « a, e, i, o, u, y + h »
     En Belgique, on parle français ?

« au » ➔ pour les noms de pays au masculin
     Vous partez au Japon.

« aux » ➔ pour les noms de pays au pluriel
     Je vais aux États-Unis.

• Les articles contractés

« du » (de + le)	« au » (à + le)
« de la »	« à la »
« de l' »	« à l' »
« des » (de + les)	« aux » (à + les)

Il parle du Canada, de la France, de l'Allemagne, des États-Unis.
Je suis au parc, à la plage, à l'hotel, aux toilettes.

3.

Je situe Lille, Toulouse, Montpellier et Rennes sur la carte de France (carte p. 12) et je fais quatre phrases avec les expressions : à, près de, loin de, au Nord, au Sud.

Montpellier est près de la mer, ...

4.

Le jeu des questions.

5.

Je complète le dialogue avec des articles.

Ahmet : Delphine, tu vas ... cinéma ce soir ?
Delphine : Oui. Il y a un bon film. C'est à 8 heures, tu viens ?
Ahmet : Tu parles ... film de Besson ? C'est dans quel cinéma ?
Delphine : C'est ... Odéon, ... centre de Paris.
Ahmet : Ah ! D'accord. C'est loin d'ici ?
Delphine : Non, tu sors ... parc et tu prends la rue Ronsard.
Ahmet : Bon, c'est près ... gare. Allez, je vais travailler.
Et je te vois ... cinéma à 8 heures.
Delphine : Et moi, je vais ... boulangerie. À ce soir.

Les questions avec « où »

Où il habite ? Il habite où ?

• Pour demander des informations sur un lieu, un endroit, j'utilise « où ».
« Où » se place en fin de phrase ou en début de phrase.
Où fais-tu du sport ? Tu fais du sport où ?

Attention !
« ou » ≠ « où »
Où vas-tu ? ≠ Tu vas au cinéma ou au parc ?

6.

Je complète le dialogue avec des questions.

Alice : .... ?
Edouardo : J'habite en France.
Alice : .... ?
Edouardo : J'étudie à l'université de Strasbourg.
Alice : .... ?
Edouardo : Pour faire les courses, je vais au supermarché du quartier.
Alice : .... ?
Edouardo : Pour les vacances, je pars en Inde.

7.

Je choisis et j'écris où, ou.

a. Elle travaille ... elle fait du sport aujourd'hui ?
b. Vous partez ... en vacances ?
c. À Paris, il visite les expositions ... les monuments ?
d. Tu habites à Lille ... à Strasbourg ?
e. La station de métro, c'est ... ?
f. ... est-ce que nous regardons le film ?

Phonétique

Les voyelles [i] – [y] – [u]

Pour écrire les sons [i] – [y] – [u], j'utilise une ou plusieurs lettres :
[i]   i   il – Lille
[y]   u   tu – vue
[u]   ou – où   tout – vous – où

Attention !
Footing se prononce avec la voyelle [u].

1.  **> Piste 75** DVD Rom

J'écoute et je répète les mots.

	[i]	[u]	[y]
a.	vie	vous	tu
b.	dis	doux	vue
c.	ici	sous	du
d.	riz	roue	sud
e.	tic	tout	rue

2. **> Piste 75** DVD Rom

J'écoute les mots et je note si j'entends le son [y] ou le son [u].

	[y]	[u]
Strasbourg		✓

3.  **> Piste 75** DVD Rom

J'écoute et je joue les mini-dialogues avec mon voisin.

a. – V**ou**s habitez **où** ?
   – J'habite b**ou**levard de Strasb**ou**rg.
   – Ah ! C'est j**u**ste à côté de mon **u**niversité ! Et v**ou**s ?
   – Moi, j'habite aven**u**e de la Rép**u**blique.

b. – Bonj**ou**r, exc**u**sez-moi, v**ou**s savez **où** est le m**u**sée de la ville ?
   – Bien s**û**r, c'est dans cette r**u**e, devant v**ou**s.
   – Oh, merci beauc**ou**p ! Bonne j**ou**rnée.
   – Au revoir et bonne visite.

c. – T**u** ét**u**dies **où** ?
   – J'ét**u**die à T**ou**l**ou**se. Et toi ?
   – Moi, j'ét**u**die à Lille.
   – Qu'est-ce que t**u** ét**u**dies ?
   – J'ét**u**die la littérat**u**re r**u**sse. Et toi ?
   – Moi, j'ét**u**die la m**u**sique **ou**zbèke.

➔ *Lire un guide touristique*

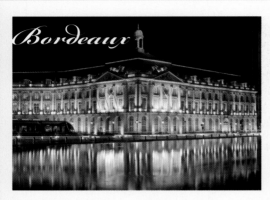

DESCRIPTION

Au centre de la région Aquitaine, près de l'océan, Bordeaux est une grande ville française. Elle est célèbre pour ses vins et son port international.

La ville a des monuments historiques du XVIIIe siècle : Bourse, Grand Théâtre, place Royale... On trouve aussi des petites rues, des arbres et des immeubles tranquilles.

Loin du centre, la campagne est magnifique. Au Sud-ouest de la France, les températures sont chaudes. Et il y a du soleil toute l'année !

Pour écrire les siècles, on utilise toujours les chiffres romains de l'époque de Jules César !!

Ce sont des lettres majuscules.

I	II	III	IV	V
1	2	3	4	5

VI	VII	VIII	IX	X	XX
6	7	8	9	10	20

> *XVIIIe : X + V + III = 18^e*

**① **

Je lis le guide touristique sur Bordeaux. Je note les informations pour mon voyage.

a. À voir : ...

b. À faire : ...

**② **

Je décris la ville de Bordeaux et les différents lieux. Je propose des activités à mon voisin.

➔ *Parler des villes*

Pour commencer et pour finir une carte postale

Salut / Bonjour

Cher ... (+ nom masculin)

Chère ... (+ nom féminin)

(Gros) bisous

Je t'embrasse

À bientôt

**③ **

J'écris une carte postale à un ami. Je décris le jardin des Tuileries et Paris.

> Bonjour la famille !
>
> Je suis à Marseille.
> Il fait beau.
> Le ciel est bleu et la mer est magnifique !
> Je mange, je visite la ville et je fais des courses !!
> Tout va bien.
> J'adore les vacances dans le Sud de la France !
>
> Je vous embrasse,
> Audrey

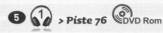
4

Édouard me téléphone. J'indique la direction pour venir à l'hôtel de ville.

- Allô ? C'est Édouard ! Je suis à la station de métro Concorde…

- …

5 **> Piste 76** DVD Rom

Nora parle de la France. Je note…
a. Elle aime : *les petits villages*, …
b. Elle n'aime pas : …

6

Je présente une ville de mon pays.

Dans mon pays, à …

Présenter des informations sur une ville

Étape 1 : En petits groupes, on choisit notre ville préférée.

Étape 2 : On échange et on note les informations utiles pour visiter cette ville (moyens de transports, climat, visites…).

Étape 3 : On présente les informations sur la ville à la classe.

Étape 4 : On répond aux questions des autres groupes.

Tu pourrais acheter, s'il te plaît :

- 2 salades + 1 kg de tomates
- 1 rôti de bœuf
- 300 g de fromage
- 6 litres de lait
- une douzaine d'œufs
- 8 yaourts nature
- glace vanille (boîte d'1/2 l)
- lessive (1 paquet de 5 kg)
- bougies d'anniversaire
- serviettes en papier

Bises

Cathy

Chéri, c'est moi.

Bon, il y a la liste des courses sur la table de la cuisine. Je voudrais bien venir avec toi mais, ce soir, je travaille jusqu'à 7 h. Désolée. Tu fais les courses au petit magasin d'à côté. Le vendeur est très sympa. Tu vas au rayon fruits et légumes pour les deux salades et le kilo de tomates. Au rayon produits frais et fromages, tu prends du lait, des œufs, des yaourts et 300 grammes de fromage italien. Mais, il n'y a pas de rayon boucherie. La boucherie est en face du magasin.

Pour la lessive, les bougies et les serviettes, tu vas au supermarché, place de la Liberté, il y a un rayon produits d'entretien. Dans le frigo, il n'y a pas de boisson. Tu prends un litre de jus de fruits au rayon boissons.

Ah, et pour l'anniversaire de Mélanie, demain, on apporte des fleurs. Tu vas chez le fleuriste et tu choisis un beau bouquet.

Merci mon chéri. Bisous et à ce soir.

Oups ! Encore une chose : pour ce soir, achète du pain à la boulangerie Bonnemiche. Merci.

SE REPÉRER DANS UN MAGASIN

❶  **> Piste 77** DVD Rom

J'écoute le message téléphonique de Cathy. J'écris le nom des magasins.

❷ **> Piste 77**

J'écoute encore le message et je choisis les rayons pour faire les courses.

a. J'achète des tomates.
b. J'achète du fromage.
c. J'achète des yaourts.
d. J'achète du jus de fruits.
e. J'achète de la lessive.

PRODUITS D'ENTRETIEN

FRUITS ET LEGUMES

PRODUITS FRAIS

FROMAGES

BOISSONS

*On va **à la** boulangerie, **au** rayon fromages mais **chez la** fleuriste ou **chez le** coiffeur !*

❸

Je lis la liste des courses. Dans quels rayons j'achète les œufs, le lait, les deux salades ?

CHOISIR DES PRODUITS

4

Trois produits du message ne sont pas dans la liste. Je complète la liste et je compare avec mon voisin.

On dit **100 grammes de beurre**, on écrit « 100 g de beurre ».

On dit **2 kilos de viande**, on écrit « 2 kg de viande ».

On dit **5 litres d'eau**, on écrit « 5 l d'eau ».

On dit **un demi-litre de glace**, on écrit « ½ l de glace ».

5

Avec mon voisin, on complète et on lit les phrases.

a. J'achète une douzaine…

b. J'achète 150 g…

c. J'achète 5 kg…

d. J'achète 6 l…

6

J'écris la liste des courses pour préparer le petit déjeuner de mon pays.

a. aliments : …
b. boissons : …
c. magasins : …

DEMANDER POLIMENT

7

Je regarde les dessins.
Je dis quelle personne est polie.

Un kilo de pommes !

A

Je voudrais 250 grammes de fromage, s'il vous plaît !

B

Je demande poliment.

– **Je voudrais** un kilo de pommes, s'il vous plaît.
– **Je voudrais** acheter des tomates.
– **Tu pourrais** acheter deux salades, s'il te plaît ?

8

Jeu de rôle. Avec mon voisin, je fais les courses pour le dîner. On choisit et on demande poliment un produit ou un service.

Au rayon boucherie :
– Tu pourrais prendre du bœuf pour le dîner ?
– D'accord. Bonjour monsieur, je voudrais 500 g de bœuf, s'il vous plaît.

9

Jeu des magasins.

Grammaire

Les partitifs

– *Vous avez du lait ?*
– *Oui. Combien ?*
– *2 litres de lait, s'il vous plaît !*

• Je connais la quantité exacte, j'utilise « de » ou « d' » pour les mots avec « a- », « e- », « i- », « o- », « u- » :
➜ *500 g de carottes – 1 kg de pommes – 2 litres d'eau*

• Je ne connais pas la quantité exacte, j'utilise « du », « de la », « de l' » ou « des » :
➜ *du pain – de la confiture – de l'eau – des œufs*

• Avec zéro quantité, j'utilise « ne… pas de » :
➜ *Je ne mange pas de fruits. Je n'ai pas de bougies.*

1. **> Piste 78**

J'écoute. Je connais ou je ne connais pas la quantité ?

	Je connais la quantité.	Je ne connais pas la quantité.
a. …		

2.

Je regarde les dessins. Je fais la première phrase du dialogue. Avec mon voisin, on joue la scène.

– *Je voudrais du pain.*

– *Combien ?*
– *Deux baguettes, s'il vous plaît !*

a.
  – …
  – Combien ?
  – 2 kilos, merci !

b.
  – …
  – Combien ?
  – 3 litres de jus de pommes, c'est très bien !

c.
  – …
  – Combien ?
  – 8 pour le dîner de ce soir !

3.

Je prépare un gâteau. J'écris la liste des courses.

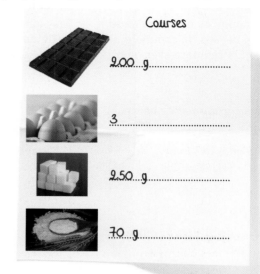

Courses

200 g …………………
3 …………………
250 g …………………
70 g …………………

« Il y a » / « Il n'y a pas… »

– *Il y a du pain à la maison ?*
– *Non, il n'y a pas de pain !*
– *Il y a une boulangerie ici ?*
– *Non, il n'y a pas de boulangerie.*

• On utilise « il y a » pour dire que quelque chose existe.
➜ *Aujourd'hui, il y a une fête.*
• On utilise « il n'y a pas de » quand quelque chose n'existe pas.
➜ *Il n'y a pas de fleurs.*

4.

J'écris les repas de mon pays avec *il y a* ou *il n'y a pas de*.

a. Pour le petit déjeuner, …
b. Pour la pause de midi, …
c. Pour les repas avec des amis, …

5.

Mon voisin devine les commerces de mon quartier. Je réponds avec *il y a, il n'y a pas de*.

– *Dans le quartier, il y a un supermarché ?*
– *Non, il n'y a pas de supermarché, il y a un petit magasin.*

Le présent des verbes « acheter » et « choisir »

Vous choisissez le cadeau et j'achète !

Le présent

Choisir	Acheter
Je choisis	J'achète
Tu choisis	Tu achètes
Il / Elle choisit	Il / Elle achète
Nous choisissons	Nous achetons
Vous choisissez	Vous achetez
Ils / Elles choisissent	Ils / Elles achètent

6.

Je lis les conjugaisons et je réponds aux questions.

a. Quelles formes de *choisir* on écrit avec 3 ou 4 *s* ?

b. Quelles formes de *acheter* n'ont pas d'accent sur le *e* ?

c. Quelles formes de *acheter* ont la même prononciation ?

d. Quelles formes de *choisir* ont la même prononciation ?

7.

J'écris les messages avec mon voisin. J'utilise les verbes acheter **et choisir** .

a. Pierre, tu des fruits et tu 1 kg de fruits.

b. D'accord ! Nous 3 CD de musique

et vous la musique pour la vidéo.

c. Tous les amis le menu et vous,

vous tous les produits ? Non, ça ne va pas.

> **Avoir besoin de...**
> – **J'ai besoin de** fromage.
> – **J'achète** du fromage.
> Et toi, **tu as besoin de** quoi ?

8.

Avec mon voisin, on fait la liste de six courses. Chacun achète trois choses. On décide ensemble. On joue la scène.

Phonétique

Les sons [y] – [ø] – [o] – [u]

Pour écrire les sons [y] – [ø] – [o] – [u], j'utilise plusieurs lettres :

[y]	u – û	supermarché – bien sûr
[ø]	eu – œu	petit déjeuner – œufs
[o]	o – ô – au – eau	tomate – à côté – au – gâteau
[u]	ou	courses

1.  **> Piste 79** DVD Rom

J'écoute les mots et je coche la case quand j'entends le son.

	[y] du	[ø] deux	[o] dos	[u] doux
fromage			✓	
a. gâteau				
b. douzaine				
c. légume				
d. chocolat				
e. bœuf				
f. sucre				
g. yaourt				
h. vendeuse				

2.  **> Piste 79** DVD Rom

J'écoute et je répète les phrases.

a. Je voudrais **du pain**.

b. Je voudrais **deux pains**.

c. Il y a une liste de courses **à côté du frigo**.

d. Il y a une liste de courses **sur le frigo**.

e. Tu pourrais acheter **deux œufs** ?

f. Tu pourrais acheter **une douzaine d'œufs** ?

3. a. **> Piste 79** DVD Rom

J'écoute le dialogue et je repère les voyelles [y], [ø], [o], [u].

1. – L**u**cie, je v**ou**drais que tu achètes une douzaine d'œufs.

2. – Bien sûr, maman. Et tu voudrais que j'achète autre chose ?

3. – Oui, je voudrais aussi deux kilos de tomates, un kilo de sucre, douze yaourts et un gâteau aux pommes pour le déjeuner. Merci ma chérie.

4. – Pas de problème ! J'aime beaucoup faire les courses !

b. **Je joue le dialogue avec mon voisin.**

➡ *Décider la liste des courses*

❶ 💬

Je regarde dans le frigo. Je dis à Édouard les aliments.

❷ 🎧 **> Piste 80** 💿 DVD Rom

Édouard répond au téléphone. J'écoute Édouard et je note les courses.

Nora

Je voudrais dîner avec Édouard et toi, ce soir. Vous choisissez un gâteau à la pâtisserie ? Je travaille demain au magasin à 9 h. Je dois dormir tôt, alors je reste une heure maximum !
Nora

❸ ✏

On choisit ensemble le menu pour ce soir. Je complète la liste des courses.

❹ ✏

Je reçois un texto de Nora. Je réponds.

 Faire les courses

 Édouard propose de faire les courses au supermarché. On divise la liste. Chacun choisit les rayons.

– Je vais au rayon pâtisserie, j'achète le gâteau.
– Moi, je...

❻ **Je vais au rayon pâtisserie. Problème : il est 19 h et il n'y a pas de gâteau. Je parle avec Édouard. On choisit un autre dessert.**

❼

a. 🔍 **Je suis au rayon fruits et légumes. Je lis le panneau.**

b. 💬 **Je demande au vendeur les fruits et les légumes.**

Chères clientes
Chers clients
Ne prenez pas les fruits et légumes,
Demandez au vendeur !

 Organiser les courses

Étape 1 : On organise un déjeuner dans la classe. En petits groupes, on fait la liste des produits et des quantités.

Étape 2 : On se met d'accord sur la liste pour toute la classe. On divise la classe en groupes : un groupe pour un magasin.

Étape 3 : Chaque groupe écrit les produits et les quantités pour le magasin. On joue la scène dans les magasins.

1 Regardez.

Quel est le sujet ?

Complétez.

... de la Villette, 19ᵉ, ... h.

2 Regardez.

Combien sont-ils ?

Répondez aux questions.

a. Combien de clients parlent devant la caméra ?

b. Combien de commerçants sont montrés dans le reportage ?

Les marchés de France

En France, 80 % des marchés sont des marchés de plein air et 20 % sont des marchés couverts. Les marchés sont généralement hebdomadaires (une fois par semaine). Et la moitié d'entre eux sont de taille moyenne, c'est-à-dire qu'il y a entre 26 et 60 commerçants. De nombreux produits sont vendus sur le marché : des fruits, des légumes, de la viande, des bonbons, des fleurs mais aussi des vêtements. Sur certains marchés, les habitants viennent vendre les produits de leur jardin.

>> Et chez vous ?

3 Regardez et écoutez.

Qu'est-ce qu'on vend ?

Retrouvez les produits *vendus* sur le marché de la Villette.

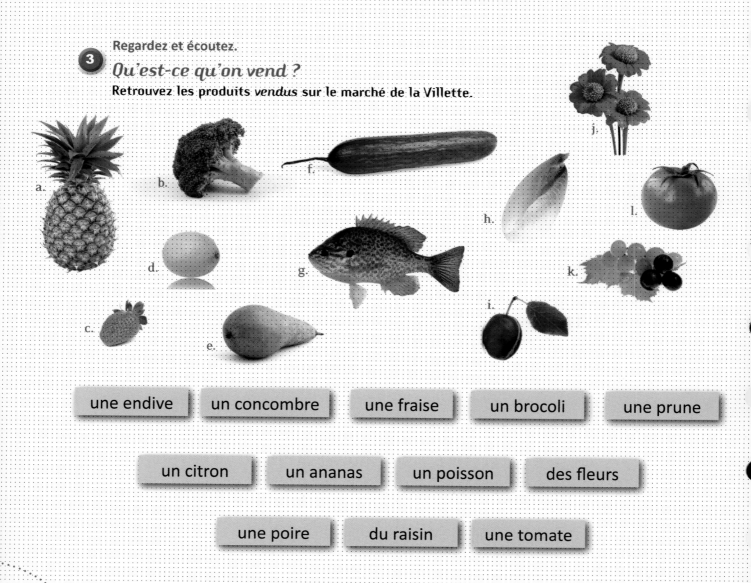

une endive   un concombre   une fraise   un brocoli   une prune

un citron   un ananas   un poisson   des fleurs

une poire   du raisin   une tomate

MARCHÉ DE LA VILLETTE

Au menu

Dans de nombreux restaurants français, on peut trouver un « Menu du marché ». C'est un menu qui change tous les jours en fonction des produits achetés sur le marché par le chef cuisinier. Les menus du marché proposent donc très souvent des plats avec des légumes de saison comme des tomates et des courgettes en été, du chou et des poireaux en hiver.

Écoutez.

 4 *Qui dit quoi ?*

Retrouvez les paroles des personnes interviewées.

a. On rencontre souvent les copines là-bas, on prend un petit café à côté.

b. On ne jette rien du tout !

c. J'ai acheté plein de plantes chez lui.

d. C'est la grande famille !

e. Je viens tout le temps là, soit les mercredis, soit les samedis.

f. J'aime bien ce marché.

g. Il vend de la qualité.

h. C'est moins cher par rapport à certains arrondissements.

i. Je suis une habituée de ce fleuriste.

n° : ...   n° : ...   n° : ...

Exprimez-vous.

 5 *Qu'est-ce que j'achète ?*

Vous vous promenez dans le marché et vous faites la liste des produits que vous allez acheter.

Du producteur au consommateur

En France, les marchés sont, à l'origine, destinés à la vente des productions locales des jardins, des élevages, des vergers et des diverses fabrications locales. La production de proximité garantie la qualité et, sans transport ni intermédiaires, le prix est intéressant pour le producteur et pour le consommateur.

>> Et chez vous ?

Exprimez-vous.

 **6** *Marché ou grande distribution ?*

Demandez à votre voisin « Où est-ce que tu fais tes courses ? Tu préfères les marchés ou les supermarchés ? Pourquoi ? ». Vous discutez ensemble.

Évaluation 1

Delf A1.1

COMPRÉHENSION DE L'ORAL

15 minutes

Activité 1

8 points

Objectif : comprendre des indications

Écoutez les quatre dialogues et répondez aux questions.

Dialogue 1. Quel âge a Mathilde ? ....2 points
Dialogue 2. Où habite Mathilde ? ....2 points
Dialogue 3. Quel jour Mathilde va à la médiathèque ? ....2 points
Dialogue 4. Quelle heure est-il ? ....2 points

Activité 2

8 points

Objectif : comprendre des goûts

Écoutez les messages et écrivez le numéro du message sous l'image correspondante.

a. ...   b. ...   c. ...   d. ...

Activité 3

9 points

Objectif : comprendre des informations

Écoutez et écrivez le numéro du dialogue sous l'image correspondante.

a. ...

b. ...

c. ...

Activité 1   4 points

Objectif : comprendre une liste

C'est demain le premier cours de cuisine. Vous lisez le message.

Cochez les objets demandés.

> Bonjour à tous,
> Pour le premier cours de cuisine, vous devez apporter un agenda pour noter les horaires des cours et… un stylo. Vous n'avez pas besoin de livre de cuisine. Vous pouvez prendre un cahier pour écrire les recettes. Pour les étudiants étrangers, prenez un dictionnaire pour vous aider.
> À bientôt !
> La direction

a. ☐   b. ☐   c. ☐   d. ☐

e. ☐   f. ☐   g. ☐   h. ☐

Activité 2   6 points

Objectif : comprendre une affiche

QUARTIER EN FÊTE !

Venez tous le jeudi 14 mai, place Paul Verlaine.

La fête commence vers 15 h.

Tout le monde peut venir, les habitants du quartier, les amis et les autres…

Le comité des voisins

Vous lisez cette affiche sur la porte de votre immeuble.

Lisez et répondez aux questions.

1. Quel est le jour du rendez-vous ? .... 2 points
2. Quel est le lieu du rendez-vous ? .... 2 points
3. À quelle heure est le rendez-vous ? .... 2 points

Parc Borély

À MARSEILLE, LE PARC BORÉLY OUVRE SES PORTES POUR LA JOIE DES FAMILLES MARSEILLAISES. ICI, IL N'Y A PAS D'IMMEUBLES, PAS DE MAGASINS ! C'EST SUPER !

À voir / à faire :

- Faire un pique-nique à côté de la rivière / Manger au restaurant du parc
- Admirer la nature : les petits animaux, les arbres, les plantes et les fleurs…
- S'amuser : jeux pour les enfants et les adultes (vélos et petites voitures à louer)
- Faire du sport : promenades, vélo, jogging et football, bien sûr !

À côté, il y a :

- un bâtiment du XVIIIe siècle ;
- la plage du Prado ;
- des expositions de peinture…

INFORMATIONS PRATIQUES :

- **Entrées** : boulevard Léau, avenue Pierre Mendès France.
- **Horaires** : mardi au dimanche de 10 h à 19 h (été et hiver)

Transports en commun :
Métro : Rond-point du Prado (ligne 2)
et bus : lignes 19, 83, 44
Attention, pas de parking !

Activité 3   15 points

Objectif : comprendre un panneau d'informations

**Vous lisez ce panneau au parc.
Choisissez la bonne réponse.**

1. Au parc Borély, il y a : . . . . .3 points
   a. des commerces.
   b. un restaurant.
   c. un lac.

2. Dans quelle ville est le parc Borély ? . . . . .3 points
   a. Paris.
   b. Lyon.
   c. Marseille.

3. On peut : . . . . .3 points
   a. faire des courses.
   b. jouer au ballon.
   c. écouter des concerts.

4. Dimanche, 10 h. C'est ouvert. . . . . .3 points
   a. Vrai.
   b. Faux.
   c. On ne sait pas.

5. Pour aller au parc, vous prenez : . . . . .3 points
   a. le bus.
   b. le train.
   c. la voiture.

PRODUCTION ÉCRITE   15 minutes

CET AGENDA APPARTIENT À

Nom: . . . .

Prénom: . . . .

Âge: . . . .

Nationalité: . . . .

Adresse: . . . .

Numéro de téléphone: . . . .

Courriel: . . . .

Activité 1   7 points

Objectif : remplir une fiche d'informations

**Vous achetez un agenda.
Complétez la fiche d'informations personnelles.**

Activité 2   8 points

Objectif : donner des informations

**Vous aidez Mélis à écrire une carte postale.
Écrivez les mots pour compléter la carte postale.**

… 🖐 à toute la famille,

J' … ❤ Paris. Aujourd'hui, il … ☀.

Le ciel est … 💧. J'ai un ami … 🏳,

il est … 👨‍🍳. Aujourd'hui, on déjeune

à la terrasse d'un café : repas de …

. Ce soir, c'est l'anniversaire d'Édouard.

J'achète … 🎂 !

Bises,   Mélis

Activité 3   10 points

Objectif : écrire un message court

Paul part faire des courses pour vous.
Écrivez un message avec la liste de vos courses.

Activité 1 : Entretien dirigé

Objectif : se présenter

Répondez aux questions.

Comment vous vous appelez ? Nom ? Prénom ? Vous pouvez épeler votre nom ? Quel âge avez-vous ? Moi, je suis français et vous ? Où habitez-vous ? Quelle est votre profession ? Vous parlez français et... ?

Activité 2 : Échange d'informations

Objectif : exprimer des goûts

Qu'est-ce que vous mangez au petit déjeuner ?
Choisissez et parlez de vos goûts.

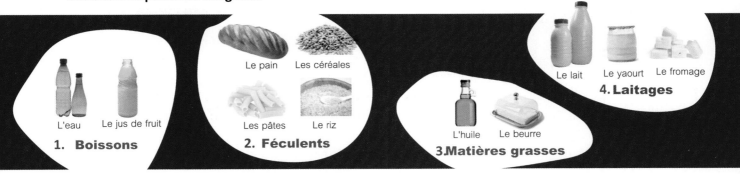

Activité 3 : Dialogue simulé

Objectif : acheter dans un magasin

Dans un magasin, vous devez acheter des produits. Choisissez des images de l'activité 2 et achetez des produits.
Vous jouez la scène avec l'examinateur.

Jour 4

A1

Rendez-vous 1

à découvrir
- Se loger
- Localiser

à savoir, à prononcer
- L'accord des adjectifs
- Les adjectifs démonstratifs
- Le futur proche
- La liaison et l'enchaînement (1)

à faire
Proposer le plan de la classe idéale

Rendez-vous 2

à découvrir
- S'informer sur la santé
- Parler de son corps
- Exprimer la fréquence

à savoir, à prononcer
- Le présent des verbes en -endre
- L'interrogation directe
- Les phrases avec *il faut*
- Les voyelles nasales [ɛ̃] et [ɑ̃]

à faire
Créer un dictionnaire en images

Culture Jeux

Le logement

08:00

Rendez-vous 1

09:00 Nouvelle adresse

10:00

11:00

12:00

13:00

14:00

15:00

C'est la vie !

16:00

17:00

Rendez-vous 2
Allô, Docteur !

18:00

19:00

20:00

21:00

22:00

23:00

PETITES ANNONCES Immobilier

A Rue Château Landon, stud. 15 m² avec cuis. dans imm. calme, 6ᵉ étage, prix intéressant
Agence Avis-Rouen – 01 94 22 12 08

B Région de Rouen, dans bel imm., appt. 4 ch. avec vue sur la Seine. Garage
950 euros / mois – *01 67 33 76 23*

C Petit appt. dans imm. grand confort, centre Rouen, ascenseur, jardin et gardien
140 000 euros – *Agence Immo13 – 06 17 62 07 32*

D À louer appt. meublé 2 pièces, sdb séparée
13 avenue de Paris – banlieue de Rouen
M. Dubois : 06 63 11 48 60

Personne 1 Je cherche un appartement neuf dans cet immeuble avec une belle vue sur la Seine.
Nous avons trois enfants.
J'ai besoin d'un garage dans l'immeuble.

Personne 2 Je voudrais un petit appartement dans un immeuble avec un ascenseur. Et aussi un grand jardin au rez-de-chaussée !

Personne 3 Je suis étudiant.
Je sors du lycée et je vais entrer dans l'école de commerce de ce quartier.
Je voudrais louer une chambre dans un immeuble calme.

Personne 4 Je pars travailler en Espagne mais je cherche un logement meublé pour mes vacances en France. Cette annonce m'intéresse et l'adresse « 13 avenue de Paris » est parfaite !

SE LOGER

❶

J'associe un mot à une abréviation.

a. une cuisine
b. un studio
c. un appartement
d. un immeuble
e. une salle de bains
f. une chambre

1. ch.
2. imm.
3. appt.
4. cuis.
5. sdb
6. stud.

❷ **> Piste 2** DVD Rom

Quatre personnes veulent déménager. J'écoute les demandes des personnes et j'associe chaque personne à une petite annonce.

❸

Avec mon voisin, on écrit une annonce pour trouver un logement. On affiche l'annonce dans la classe.

Cherche pour deux personnes …
Tél : …

❹

Je cherche un logement et je téléphone à l'agence immobilière.

❺

Jeu du 2-4-8…

Le logement	L'immeuble
J'habite dans une maison, dans un immeuble, dans un appartement, dans un studio.	*le rez-de-chaussée / un étage / un garage / un ascenseur / un jardin*

LOCALISER

6

Avec mon voisin, on a 1 000 euros pour acheter des meubles pour un studio. On fait la liste.

7 > Piste 3

J'écoute un message sur le répondeur. J'écris la liste des meubles.

Chez DARTORAMA, les prix changent

La table et les chaises
~~410~~ **330 €**

Le frigo
~~750~~ **710 €**

La cuisinière
~~350~~ **290 €**

Le meuble de salle de bains
~~100~~ **80 €**

Le canapé
~~460~~ **340 €**

~~330~~ **270 €**
Le lit

~~180~~ **120 €**
Le fauteuil

8

Je choisis trois images sur la publicité de Dartorama. Je joue la scène avec mon voisin.

- *Ce truc, c'est quoi ?*
- *C'est un fauteuil.*

On utilise « un truc » en français quand on ne connaît pas un mot.

Voilà la chambre :
- Le lit à deux places est ░░░░ la grande fenêtre.
- ░░░░ du lit, il y a une petite table de nuit.
- ░░░░ le lit et la porte, il y a deux plantes vertes.
- ░░░░ la porte, il y a une grande armoire.
- ░░░░ la fenêtre, j'ai un fauteuil.
C'est tout. J'ai encore beaucoup d'espace et je voudrais un bureau, un petit canapé à deux places et un petit meuble. Tu vas m'aider à placer les meubles, j'espère.
Merci beaucoup.

Thomas

9

Je lis le message de Thomas. Je regarde le dessin et je complète le texte.

Localiser

En face de	→○
À gauche de	←○
À droite de	○→
Entre	→○←
Sous ○ ↓	Sur ↑ ○

10

Avec mon voisin, on dessine un plan avec les anciens et les futurs meubles du message de Thomas.

11

J'écris un message à Thomas pour présenter le nouveau plan.

Sortir
Il <u>sort</u> la valise.

Partir
Il <u>part</u> en voyage.

Grammaire

L'accord des adjectifs

un grand appartement – une grande maison
une vieille armoire – des vieux meubles

- Pour mettre un adjectif au féminin, on ajoute un « –e » final : *petit* → *petite*, *vert* → *verte*
- L'adjectif avec un « –e » au masculin ne change pas au féminin : *calme* → *calme*
- Pour mettre un adjectif au pluriel, on ajoute un « –s » final : *une grande maison* → *des grandes maisons*
- Les adjectifs terminés par « –x » au singulier ne changent pas au pluriel : *ce vieux meuble* → *ces vieux meubles*

Attention !

masculin		féminin	
-s	→	-sse	*bas* → *basse*
-n	→	-nne	*ancien* → *ancienne*
-f	→	-ve	*neuf* → *neuve*

- **Exceptions :** *nouveau* → *nouvelle* ; *blanc* → *blanche* ; *vieux* → *vieille*

Les adjectifs démonstratifs

Qui est ce garçon ? Et cet homme ? Et cette fille ?
Qui sont ces gens ?

- On utilise les adjectifs démonstratifs :
– pour montrer quelque chose ou quelqu'un.
Tu vois la maison de Martine, c'est cette maison, en face !
– pour indiquer un moment : matin, midi, après-midi, soir, nuit.
Ce matin, Laurent déménage.

	Masculin	Féminin
Singulier	ce – cet	cette
Pluriel	ces	

- Au masculin, avec une voyelle ou un « h » au début du mot, on utilise « cet ».
Le père de Marie, c'est cet homme !
Tu veux acheter cet appartement ?
- « Cet » et « Cette » se prononcent de la même façon.
Je voudrais visiter cet immeuble et cette maison.

---

1. J'écris les adjectifs au masculin ou au féminin.

◄ ► + http://www.annonces.net

🏠

Une (nouveau) location de vacances !
Dans une rue (calme), l'agence Vacbel loue pour les vacances une (vieux) maison en face de la mer. Eau (chaud), sable (blanc), ciel (bleu), (grand) lits. Logement avec : table (bas), chaises (confortable), cuisinière (neuf).
Tél. 06 37 68 63 12

2. > Piste 4
J'écoute le vendeur de meubles. J'écris et je classe les adjectifs (masculin / féminin).

3.
Mon voisin dit une phrase simple, j'ajoute un adjectif au nom.
Dans la maison, il y a un canapé. → *Dans la maison, il y a un canapé moderne.*

4.
Je lis la liste des mots et je complète avec *ce, cet, cette* ou *ces.*

Le logement	Les pièces	Les meubles
a. … maison	d. … cuisine	g. … table
b. … immeubles	e. … chambre	h. … chaises
c. … appartement	f. … salle de bains	i. … lit

5.
Je regarde le dessin. Je présente les meubles et les objets à mon voisin.
Cette chambre est grande.
Ce lit …

Phonétique

Le futur proche

– *Je vais commencer un nouveau travail.*

– *Tu vas déménager ?*

• Pour exprimer un événement proche dans le temps, j'utilise **« aller » au présent + infinitif**. Rappel : je vais / tu vas / il, elle, on va / nous allons / vous allez / ils, elles vont.

• J'utilise le futur proche pour parler d'un projet. *J'habite un nouveau studio, je vais changer les meubles de place.*

Attention !

– *Tu vas déménager ?*

– *Mais non, je ne vais pas déménager.*

6.

Je lis le message. Je réponds au futur proche.

◄	►	+	http://www.monoblog.fr

> Alors, tu vas déménager ? Tu as beaucoup de meubles ?

> Oui. Je …

7.

Je parle de projets avec mon voisin.

– *Qu'est-ce que tu vas faire ce soir ? – Je vais…*

– *Tu vas rester combien de semaines ici ? – …*

Sortir Je sors - Tu sors - Il / Elle / On sort
Nous sortons - Vous sortez - Ils / Elles sortent

Partir Je pars - Tu pars - Il / Elle / On part
Nous partons - Vous partez - Ils / Elles partent

8.

Je lis le message et j'écris les verbes *sortir* et *partir* à la bonne place et à la bonne forme.

Mon chéri,

Je ~~~~~~~~ en week-end avec des amies.
Le réfrigérateur est vide, tu vas ~~~~~~~~
samedi pour faire les courses.
Tu ~~~~~~~~ le chien samedi et aussi dimanche
Attention, pour la promenade du chien : il ~~~~~~~~
très vite voir la chienne de la voisine ! Bon week-end,

Denise

La liaison et l'enchaînement (1)

1.  **> Piste 5** DVD Rom

J'écoute la prononciation des consonnes « s », « z », « x », « n », « t » et « d » à la fin des mots.

a. Je suis là, chez moi, et elle, chez elle.

b. On va parler deux minutes.

c. Un grand homme dans un petit lit ?

La liaison (1)

• Les consonnes finales « s, z, x, n, t » et « d » ne se prononcent pas devant une **consonne**.

➜ *Chez lui / Un café / Un petit studio*

Elles se prononcent devant une **voyelle** avec la syllabe du mot suivant.

C'est **la liaison**. ➜ *Chez_elle / Deu x_heures*

Attention !

La consonne « d » se prononce [t].

➜ *Un gran d_homme*

2.  **> Piste 6** DVD Rom

J'écoute et je répète les phrases. Je marque la liaison.

Je suis étudiant et mon appartement est situé dans une rue calme.

a. Les amis de ma voisine ont rendez-vous à deux heures chez elle.

b. On a des amis en Espagne, en Italie.

c. C'est un grand homme, un ancien musicien.

L'enchaînement (1)

U ne rue	U ne avenue
Ave c lui	Ave c elle
I l parle	I l habite
Une gran de chambre	Une gran de armoire

• Les consonnes finales de ces mots sont toujours prononcées. Quand elles sont devant une **voyelle**, elles se prononcent avec la syllabe du mot suivant.

C'est **l'enchaînement consonantique**.

3.  **> Piste 7** DVD Rom

J'écoute et je répète les phrases. Je marque l'enchaînement.

U/ne avenue - Trei/ze avenues

a. Il habite un studio avec une belle vue.

b. C'est une petite annonce intéressante.

c. Cet immense immeuble est ancien.

➡️ Donner des indications

1

Je reçois la nouvelle adresse de Nora.

a. J'écris le nom de la nouvelle ville de Nora.
b. Avec mon voisin, on écrit une adresse française.
c. J'explique à mon voisin comment on écrit
l'adresse dans mon pays.

*Ça y est,
on déménage*

LA POSTE

Je vous prie de noter ma nouvelle adresse :

Nom :	BENAMAR
Prénom :	Nora
Ancienne adresse :	8 avenue du Parc
Code postal - Commune :	94340 Joinville-le-Pont
Nouvelle adresse :	12 rue de la Grange-aux-Belles Bâtiment C, appt 37
Code postal – Commune :	75010 Paris

Merci

2 🎧 ② **> Piste 8** 💿 DVD Rom

J'écoute le message téléphonique de Nora et je note :

a. l'heure du rendez-vous.
b. le lieu du rendez-vous.

3 💬

**Je vais venir aider Nora. J'appelle et je laisse un message
sur son répondeur téléphonique.**

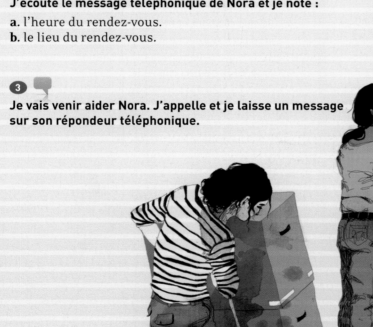

Nouvelle adresse

1 Rendez-vous

➔ *Situer*

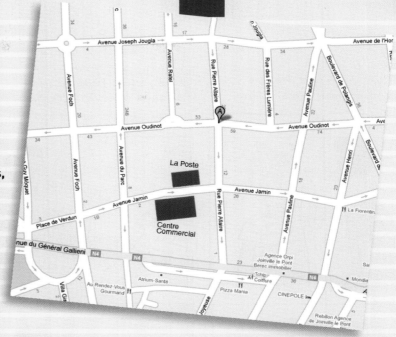

4 🎧 **> Piste 9** 💿DVD Rom
J'écoute les trois messages
et je regarde le plan. Où sont Mélis,
Édouard et le père de Nora ?

5 💬
J'explique à Nora où sont
Mélis, Édouard et le père de Nora.
Je joue la scène avec mon voisin.

6 ✏️
Nora doit partir pendant 15 minutes. On doit sortir
les meubles. On écrit un mot. On explique où sont
les meubles.

Fauteuil

Table

Chambre

Cuisine

Salon

Fenêtre

Table basse

Canapé

Mélis, tu portes la table basse :
elle est dans le salon,
....

Édouard, tu vas sortir le canapé
avec mon père :
il ....

Toi, tu vas prendre
le fauteuil, ...

Papa, tu prends la table
....

Proposer le plan de la classe idéale

TÂCHE

Étape 1 : Ensemble, on fait la liste des meubles de la classe. On complète
la liste avec des meubles ou des objets nouveaux.

Étape 2 : En petits groupes, on dessine un nouveau plan pour la classe.

Étape 3 : Chaque groupe présente aux autres groupes son nouveau plan
de la classe.

Étape 4 : On choisit le plan idéal.

– Ça va ?
– Non, je suis malade, j'ai mal à la tête.
– Il faut dormir et prendre rendez-vous avec un docteur.

– Est-ce que tout va bien ?
– Non, j'ai mal au ventre.
– Voilà : vous prenez ce médicament pendant une semaine et vous attendez.

– Ça ne va pas ?
– Si, ça va mais j'ai des chaussures neuves. J'ai mal aux pieds.
– Il faut aller à la pharmacie. Il faut un pansement.

– Qu'est-ce qui ne va pas ?
– J'ai mal au dos.
– La crème est à mettre deux fois par jour.

– Qu'est-ce qu'il y a ?
– J'ai mal aux dents.
– Voilà une boîte de comprimés, à prendre le matin et le soir avant les repas.

– Comment vous vous appelez ?
– Monsieur Gémala.
– Et vous ?
– Monsieur Tamalou. Pourquoi ?

S'INFORMER SUR LA SANTÉ

1 (2) **> Piste 10** DVD Rom

J'écoute et je coche les phrases entendues dans les dialogues.

a. Est-ce que tout va bien ?
b. Où tu vas ?
c. Ça ne va pas bien ?
d. Aïe !
e. Ça va ?
f. Tu as mal compris ?
g. Tu as mal ?
h. Qu'est-ce qu'il y a ?
i. Qu'est-ce que tu fais ?
j. Ça va, toi ?
k. Qu'est-ce qui ne va pas ?
l. Qu'est-ce qui se passe ?

2

Avec mon voisin, on trouve les phrases de l'exercice 1 qui ont le même sens que : « ça va ? ».

> J'ai **mal à la** tête, j'ai **mal au** dos, j'ai **mal aux** jambes !!!
>
> En français, on dit « aïe ! » quand on a mal.

3

Je lis la bande dessinée et j'écoute. Comment s'appelle les personnages ? Pourquoi les noms sont comiques ?

4

Mon voisin est malade. Je frappe à sa porte. Je demande des nouvelles. On joue la scène.

Allô, Docteur !

PARLER DE SON CORPS

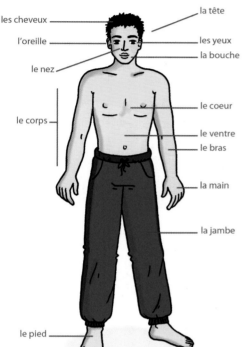

les cheveux
l'oreille
le nez
le corps
le pied

la tête
les yeux
la bouche
le coeur
le ventre
le bras
la main
la jambe

5

Avec mon voisin, on choisit un mot de la liste et on fait des phrases.

J'ai mal au cœur. =

a. l'œil
b. la bouche
c. le ventre
d. la dent
e. le doigt
f. l'oreille
g. la main
h. la jambe

6

Jeu du corps.

7 **> Piste 11**

J'écoute et je réponds à la question : quel médicament le pharmacien va donner à ces personnes ?

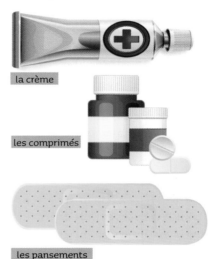

la crème

les comprimés

les pansements

EXPRIMER LA FRÉQUENCE

**DOCTEUR DUPONT
MÉDECINE GÉNÉRALISTE**

22 RUE BLANC
14000 CAEN
TÉL : 02 55 44 21 65

TOUS LES JOURS SANS RENDEZ-VOUS

Pendant une semaine, vous prenez un comprimé tous les jours, trois fois par jour : le matin, le midi et le soir avant les repas.

8

Je lis le mot du médecin. Combien de comprimés je dois acheter ?

9

Je regarde la bande dessinée et je complète les phrases avec :
avant les repas ; aujourd'hui ; deux fois par jour ; pendant une semaine.

Comme tous les jours, monsieur Gémala est malade.

a. ..., monsieur Gémala prend un médicament contre le mal au ventre.
b. ..., monsieur Gémala a des chaussures neuves, alors il a mal aux pieds.
c. Monsieur Gémala a mal au dos, il met de la crème ... .
d. Monsieur Gémala prend des comprimés ... .

10

Je suis malade. Je vais à la pharmacie. Je joue la scène avec mon voisin.

Le matin **Le jour** **Le soir** **La nuit**

Pendant une semaine : Lundi, mardi, mercredi, jeudi, vendredi, samedi, dimanche

Tous les matins, tous les soirs, toutes les nuits

Trois fois par jour : matin, midi, soir

Grammaire

Le présent des verbes en « -endre »

Tu prends un comprimé et... tu attends !

Prendre	Attendre
Je prends	J'attends
Tu prends	Tu attends
Il / Elle prend	Il / Elle attend
Nous prenons	Nous attendons
Vous prenez	Vous attendez
Ils / Elles prennent	Ils / Elles attendent

1.

Les verbes qui finissent par -endre ont deux conjugaisons possibles. Je cherche les différences dans les terminaisons des deux verbes.

2.

Dans la liste se cachent six verbes en -endre. Je trouve les verbes et je cherche la définition dans le dictionnaire.

week-ends – réponds – souvent – attendent – temps – parent – brosse à dents – blanc – descend – absent – comprenons – argent – vendre – plantes – apprenez – changement – prends

L'interrogation directe

Qu'est-ce que tu as ? Tu as mal à la tête ?

• Pour poser des questions, on peut faire monter le son de la voix : *Tu comprends ?* ↗
• On ajoute un « ? » à la fin de la phrase.
• On peut aussi ajouter « est-ce que ».
Est-ce que tu comprends ?
• Pour poser des questions sur une chose inconnue, on peut ajouter « qu' » (= quoi) : *Tu prends quoi ?*
Qu'est-ce que tu prends ? Qu'est-ce que c'est ?

3.

Je transforme ces phrases en questions sans ajouter de mots.

a. Ça va.
b. Tout va bien.
c. Elle va bien.
d. Ça va aller.
e. Tu as mal.

4.

J'écris les phrases de l'activité 3 avec est-ce que.

5.

Je pose des questions à mon voisin sur le personnage des dessins.

– Qu'est-ce qu'il fait ? – Il dort.
– Il dort ? – Oui, il dort.

6.

Je lis les réponses et j'écris les questions.

a. ... ? – C'est un médicament.
b. ... ? – Je veux un pansement.
c. ... ? – J'ai mal au ventre.
d. ... ? – Je prends un médicament. J'ai mal à la tête.

7.

Monsieur Gémala rencontre monsieur Tamalou à la pharmacie. Je joue la scène avec mon voisin.

Pour répondre à une question

Ça va ? – Oui, ça va. ☺
– Non, ça ne va pas. ☹

Ça ne va pas ? – Si, ça va. ☺
– Non, ça ne va pas. ☹

Allô, Docteur !

Les phrases avec « il faut … »

Il faut un médicament ! Il faut appeler le docteur !

- On utilise **« il faut »** pour exprimer une nécessité, une obligation.

Deux formes : « il faut » + **nom** / « il faut » + **verbe à l'infinitif**.

Allô, il faut un docteur sur la place ! Il faut venir vite !

- Avec la négation : **« il ne faut pas »**.

Il ne faut pas sortir du lit !

8.

Je complète les phrases.

a. Quand on est malade, il faut …

b. Quand on est malade, il ne faut pas …

9.

Que signifient ces panneaux ? J'utilise *il faut, il ne faut pas*.

 1

 2

 3

 4

 5

 6

Les voyelles nasales [ɛ̃] et [ɑ̃]

Pour écrire les sons [ɛ̃] et [ɑ̃], j'utilise plusieurs lettres :

[ɛ̃]	in – un – ain – (i)en	*cinq – lundi – main – bien – agenda*
[ɑ̃]	en – an – am – em	*cent – blanc – chambre – temps*

1. > **Piste 12** DVD Rom

J'écoute et j'écris les mots dans la colonne [ɛ̃] ou dans la colonne [ɑ̃].

voisin – pansement – médecin – pharmacien – dent – jambe – prendre – matin – ventre – médicament – corps humain – attendre – bien

[ɛ̃] cinq 😊	[ɑ̃] cent 😮
voisin	*pansement*

2. > **Piste 13** DVD Rom

J'écoute et je répète les phrases.

😊 = [ɛ̃] **et** 😮 = [ɑ̃]

a. Ce matin, Sébastien invite un Italien à un cours de dessin.

b. Pendant ce temps, Angèle prend des médicaments pour son mal aux dents.

c. À la boulangerie, Alain prend un pain et cinq croissants.

d. Le pharmacien donne à Laurent des pansements pour sa main, à changer tous les matins.

e. Pendant que j'attends chez le médecin, j'entends mon voisin qui demande combien de temps il va attendre !

3. > **Piste 14** DVD Rom

J'écoute et je souligne les mots avec le son [ɛ̃].

enfant – enfin

a. plainte – plante

b. vin – vent

c. descend – dessin

d. main – ment

e. moulin – moulant

f. marrant – marin

➡ Demander des nouvelles

1 **> Piste 15** 🖲DVD Rom
J'écoute mon répondeur et je réponds aux questions.

a. Mélis est en bonne santé.
☐ Vrai
☐ Faux

b. Mélis a mal...
☐ au dos.
☐ au doigt.
☐ au cœur.

c. Que fait Mélis ce soir ? Je complète :
1 ...
2 ...
3 ...
4 ...

2
Je laisse un message sur le répondeur de Mélis pour demander des nouvelles et donner des nouvelles.

3 🔍
Je lis le message de Nora. Je réponds.

De : Nora
À : ⊜ Moi
Objet : suite déménagement

Salut,
Le déménagement est fini mais il faut tout ranger et je suis malade !!! J'ai très mal au dos et à la tête... Mes médicaments sont dans les cartons...
Qu'est-ce que je peux faire ?
Et toi ? Ça va ?
Bisous,
Nora

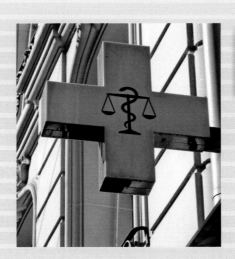

➡ Se soigner

4 **> Piste 16** 🖲DVD Rom
J'écoute le pharmacien et je note les indications.

En France, il y a une pharmacie pour 2 600 habitants.

Allô, Docteur !

 Après le déménagement, tous mes amis sont malades...
Je vais chez Mathilde et je lui donne des nouvelles de mes amis.

  > Piste 17 DVD Rom
Mathilde me donne des conseils. J'écoute et je note le médicament pour chacun.

 J'écris un texto à mes amis. Je demande des nouvelles et je propose le médicament de Mathilde.

Créer un dictionnaire en images

Étape 1 : En petits groupes, on choisit une partie du corps (l'œil, la bouche, le dos, la tête...).

Étape 2 : On recherche sur Internet ou dans le dictionnaire des expressions avec cette partie du corps.

Étape 3 : On écrit ces expressions et on donne la définition avec un dessin (voir activité 5, page 71).

Étape 4 : Ensemble, on met ces expressions dans l'ordre alphabétique et on fabrique le dictionnaire de la classe.

TÂCHE

Culture Jeux

1. 8 meubles ou objets de la maison sont cachés.

Retrouvez les mots.

Attention, c'est vertical ↑ ; horizontal → ou diagonal ↘ !

B	D	E	A	L	P	M	N	T	I	O	S	A
R	É	F	R	I	G	É	R	A	T	E	U	R
L	M	A	S	T	C	C	G	B	H	I	E	M
G	I	U	N	C	H	Q	M	L	B	M	A	O
H	P	T	O	L	A	M	P	E	R	S	T	I
I	J	E	L	M	I	N	C	A	U	C	D	R
U	V	U	X	Y	S	E	A	F	G	B	H	E
J	E	I	N	P	E	S	U	P	B	E	L	G
L	M	L	O	F	R	T	V	A	É	C	F	E

> 30 % des Français veulent
> déménager pour avoir un
> espace en plus :
> 1. une chambre,
> 2. un jardin,
> 3. une terrasse ou un balcon,
> 4. un parking ou un garage.
>
> **>> Et vous ? Votre
> logement idéal ?**

2. De l'ordre : des consonnes + des voyelles = un mot !

Avec les voyelles et les consonnes, faites des mots.

| mmbl + ieue | msn + aio | lgmnt + oee | scnsr + aeeu | csn + uiie |

3. Un mot = une image => Un mot-image !

Avec votre voisin, choisissez un mot sur le thème
du logement et dessinez le mot-image.

Lit >>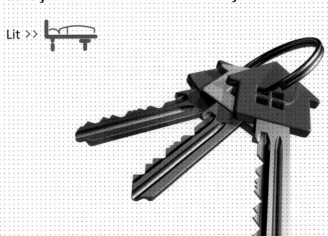

> **En 2009, 46 % des Français
> déclarent préférer le salon
> comme pièce de la maison.**
>
> 15 % des Français citent ensuite
> la cuisine et la chambre.
> Attention, les 15-24 ans préfèrent
> la chambre (47 %), bien sûr,
> c'est un espace personnel !
> 19 % des femmes pour 11 %
> des hommes aiment la cuisine.
>
> **>> Et chez vous ?**

LE LOGEMENT

Pour 37 % des Français, le logement idéal est au bord de la mer,

pour 26 % dans une ville moyenne et pour 24 % à la campagne.

6 Français sur 10 voudraient un logement dans le Sud de la France.

10 % des Français voudraient habiter sur un bateau,

dans une caravane ou dans une chambre d'hôtel de luxe !

4 Mots fléchés.

Trouvez les mots avec les définitions.

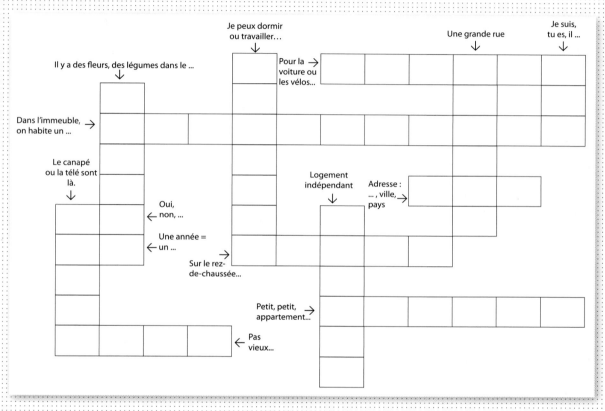

5 Jeu des 7 erreurs.

Trouvez les sept erreurs entre les deux dessins.

Jour 5

A1

11:00

Rendez-vous 1

12:00 **Super chef**

13:00

14:00

15:00

C'EST SI BON...

16:00

17:00

18:00

19:00

Rendez-vous 2

Soirée à la maison

20:00

21:00

22:00

23:00

Sauté d'agneau

Ingrédients (pour 4 personnes) :
- 500 g de viande d'agneau
- 2 tomates
- 1 oignon
- 30 cl de yaourt nature
- 1 cuillère de curry
- 250 g de riz

2 Donnez votre recette avec de l'agneau et gagnez des téléphones portables !

Bonjour chers candidats ! Je suis heureux de vous retrouver pour la cinquième étape de notre émission « Super chef ».
Aujourd'hui, vous allez faire un plat surprise : votre recette personnelle.
Les ingrédients disponibles sont dans le grand frigo.
Vous devez faire une recette avec de l'agneau ou du poisson.
Pour la garniture, il y a du riz ou des pâtes.
Alors à vous de jouer ! Mais attention ! Vous devez aussi préparer votre table. Vous avez une heure pour cuisiner le plat.
Mais pour l'instant, je rappelle les étapes :
- Choisissez vos ingrédients.
- Écrivez votre recette et préparez le plat.
Et, pour vous, chers téléspectateurs, allez sur le site web de « Super chef », il y a des téléphones portables à gagner !!

COMPRENDRE ET DONNER DES INSTRUCTIONS

1   **> Piste 33** DVD Rom

J'écoute le dialogue et je choisis la réponse.

a. C'est une émission sur :
  1. la culture.
  2. la cuisine.
  3. la santé.
b. Le présentateur demande aux candidats :
  1. de faire les courses.
  2. de préparer un cours.
  3. de faire une recette de cuisine.
  4. de manger au restaurant.

2

J'observe la table sur le dessin.
J'écris le nombre de :
a. assiettes.
b. couteaux.
c. verres.
d. fourchettes.

3

J'observe le dialogue et je note les expressions pour donner une instruction.

– *Vous devez faire une recette...*
– *...*

4

Je mets la recette du sauté d'agneau dans l'ordre.

- Coupez et cuisez la viande dans l'huile pendant 10 minutes. (c)

- ...

Sauté d'agneau

PRÉPARATION

a) Ajoutez le curry, le yaourt et la viande et laissez cuire 45 min.

b) Salez et poivrez avant de servir.

c) Coupez et cuisez la viande dans l'huile pendant 10 minutes.

d) Servez avec du riz.

e) Enlevez la viande et faites cuire 3 min l'oignon et les tomates.

14

15

5

Des amis veulent la recette du sauté d'agneau. Je donne les ingrédients et les étapes.

Salut les amis !

Pour la recette du curry d'agneau, c'est facile, vous achetez ...

Pour la préparation, coupez la viande et ...

EXPLIQUER LE FONCTIONNEMENT D'UN APPAREIL

MODE D'EMPLOI

Voici votre appareil téléphonique avec un grand écran. C'est un téléphone léger et pratique.

Pour commencer :
1. Mettez votre carte Sim.
2. Appuyez sur la touche « ».
3. Entrez votre code secret.
4. Validez.

Et voilà ! Il fonctionne !

Amusez-vous avec vos vidéos, votre musique ou vos photos !

L'appareil est fourni avec une batterie.

6

Avec mon voisin, on va sur un site Internet et on regarde un téléphone. On repère et on montre les éléments du téléphone sur le dessin.

- la batterie
- la carte Sim
- la touche « Allumer »
- l'écran
- le clavier

- Ça, c'est la batterie.

- ...

7 **> Piste 35**

J'écoute le dialogue et je trouve le problème du téléphone.

a. l'écran
b. la batterie
c. les touches
d. la carte Sim

8 **> Piste 35**

J'écoute encore le dialogue et je note le vocabulaire utilisé pour parler de l'appareil.

Votre appareil ; ...

9

Je choisis un appareil électronique. J'explique l'utilisation de l'appareil à mon voisin.

Parler d'un appareil

brancher ≠ débrancher
allumer ≠ éteindre

électrique, électronique
une touche, un écran
ça fonctionne ? = ça marche ?

Grammaire

Les adjectifs possessifs

– C'est *votre* plat, monsieur ?
– Oui, c'est *mon* plat, merci.
Et vous avez *ma* boisson ?

Au masculin
C'est *mon* verre.
C'est *ton* couteau.
C'est *votre* dessert.
Au féminin
C'est *ma* table.
C'est *ta* boisson.
C'est *votre* viande.
Au pluriel (masculin / féminin)
Ce sont *mes* plats.
Ce sont *tes* amies.
Ce sont *vos* fruits.

• L'adjectif possessif s'accorde en genre (féminin ou masculin) et en nombre (singulier ou pluriel) avec le nom qu'il complète.

Attention !
Avec les mots féminins qui commencent par « a », « e », « i », « o », « u », « y » et « h », **« ma »** et **« ta »** sont remplacés par **« mon »**, **« ton »**.
Mon entrée ; *ton* assiette

1.

Brice et Patrick participent à l'émission de télévision « Super chef ». Je complète avec une forme du possessif.

a. Bonjour, je m'appelle Brice. … femme s'appelle Amandine et … enfants Mélanie et Romain. … profession est cuisinier. … plat préféré, c'est le poisson aux herbes.

b. Bonjour Patrick, vous êtes pâtissier, … adresse est 57 rue Leloup à Nantes. … activités sont la lecture et la marche. … amie s'appelle Audrey. … plats préférés sont le gratin et la ratatouille. C'est ça ?

2.

Avec mon voisin, on fait un dialogue sur trois thèmes (amis, activités, plats préférés). On utilise les possessifs.

L'impératif

Pour commencer : *fais* ton menu !
Achète des ingrédients.
Ensemble, *préparons* les plats
Enfin, *dressez* la table !

• On utilise l'impératif pour donner un ordre, une instruction.

Attention !
Pour les verbes en « er », pas de « s » :
Tu manges. → Mang*e* !

3.

À l'impératif, j'utilise trois formes du verbe *faire* au présent. Je coche les trois formes.

☐ Je fais   ☑ Tu **fais**
☐ Elle fait   ☐ Nous faisons
☐ Vous faites   ☐ Ils font

Devoir	
Je dois	Nous devons
Tu dois	Vous devez
Il / Elle / On doit	Ils / Elles doivent

4.

Une famille part faire des courses pour le déjeuner. Je fais des phrases avec l'impératif.

La mère : - Vous, les enfants, …
– Toi, Régis, …
– Ensemble, …

5.

Je transforme les phrases de l'activité 4 avec le verbe *devoir*.

6.

Je donne des ordres à mon voisin.

– Compte jusqu'à…
– Écris le mot « gâteau » !

La place des adjectifs

Voilà une belle table ! Il y a des beaux verres, des assiettes décorées, des serviettes blanches et une salade magnifique.

• Les **adjectifs courts**, en général, sont placés **avant le nom**.

Exemples : bon, belle, petit, jeune, gros, joli...

C'est un bon repas avec un joli plat.

7.

J'observe les exemples du tableau et je trouve la bonne réponse.

On utilise les adjectifs :

a. avant le nom.

b. après le nom.

c. avant et après le nom.

8.

Je place les deux adjectifs au bon endroit dans les phrases.

a. *petite / moderne*
   C'est une table.

b. *italien / jeune*
   C'est un cuisinier.

c. *jaune / jolie*
   C'est une assiette.

d. *bon / espagnol*
   C'est un plat.

9. **> Piste 36**

J'écoute et je dis si l'adjectif est féminin, masculin ou on ne sait pas.

Phonétique

Les voyelles nasales [ɑ̃] et [ɔ̃]

Pour écrire les sons [ɑ̃] et [ɔ̃], j'utilise plusieurs lettres :

[ɑ̃]	on – om	onze, bonjour, compact
[ɔ̃]	en – an – am – em	cent, blanc, chambre, temps

1. **> Piste 37** DVD Rom

J'écoute et j'écris les mots avec le son [ɑ̃] comme cent ou avec le son [ɔ̃] comme onze.

a. [ɑ̃] ...

b. [ɔ̃] ...

2. **> Piste 38** DVD Rom

J'écoute et je répète les phrases suivantes.

a. **En** Fran**ce**, je m**an**ge des or**an**ges ess**en**tiellem**ent en** décem**bre** et **en** jan**vier**.

b. Avec m**on on**cle Gast**on**, nous m**on**t**on**s d'Avign**on** à Ly**on** pour aller au c**on**cert du viol**on**celliste Lé**on** C**om**p**on**.

c. Il faut toujours l**on**gt**em**ps pour c**om**pr**en**dre le f**on**ctionnem**ent** des appareils, mais qu**and** ça f**on**ctionne, on est très c**on**t**en**ts !

d. Pour préparer ce plat, je pr**en**ds de la vi**an**de ou du poiss**on**, une or**an**ge ou un citr**on**, du ging**em**bre ou du safr**an**.

3. **> Piste 39** DVD Rom

J'écoute et je souligne les mots avec le son [ɑ̃].

blond – blanc

a. marron – marrant

b. vont – vent

c. campagne – compagne

d. monte – mente

e. étudiant – étudions

f. sans – son

g. tendre – tondre

h. ton – temps

➲ **Préparer une recette de cuisine**

① ②🎧 **> Piste 40** 💿DVD Rom

Je complète les instructions du professeur.

Cours de cuisine / M. Philippe Gajéro

Faites la liste des ingrédients.
....
Préparez la recette.
....
Cuisez les légumes.
....

Et maintenant, mangez !!

La ratatouille de Mamou

INGRÉDIENTS POUR 4 PERSONNES

2 belles aubergines, 3 grosses tomates, 2 courgettes,
1 oignon, 1 poivron
3 cuillères à soupe d'huile d'olive
Sel, poivre

PRÉPARATION

Lavez et coupez les légumes.
Cuisez 10 minutes les légumes, sauf les tomates.
Ajoutez les tomates.
Cuisez à feux doux 30 minutes.
Salez et poivrez. Mélangez.

Dégustez chaud ou froid.

29

②

Avec mon voisin, nous partageons les choses à faire.

Toi, tu dois laver les légumes.

Moi, ...

Ensemble, ...

Super chef

 ## Faire fonctionner un appareil

3

On lit la notice et on associe les étapes aux quatre endroits correspondant sur le schéma.

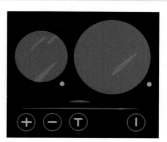

**PLAQUE ÉLECTRIQUE
« JACQUES MARTON »
T50F**

4

On explique le fonctionnement de la plaque électrique à Paul.

Pour commencer :

1) Appuyez sur la touche « allumer ».
2) Appuyez sur la touche de température.
3) Posez votre plat sur la zone de cuisson.
4) Programmez le temps de cuisson avec les touches « + » et « - ».

Parler de cuisine et de repas

5

Après le cours, je prends des notes : je décris ma table et mon plat.

Sur ma table, il y a des assiettes ...
Dans mon plat, il y a ...

À table

> Le grand verre est pour l'eau, le petit verre est pour le vin.
> La cuillère pour le dessert est entre l'assiette et les verres.
> Quand votre plat est fini, posez la fourchette et le couteau sur votre assiette.

6

En petits groupes, nous parlons des bonnes manières à table en France et dans d'autres pays.

Organiser un repas

Étape 1 : En petits groupes, on choisit les éléments de notre repas : le lieu, les invités, le décor de la table, le menu.

Étape 2 : On choisit la place des invités, le décor de la table et les plats.

Étape 3 : On présente l'organisation de notre repas à la classe.

Téléciné.fr

TÉLÉVISION CINÉMA RADIO MUSIQUES ARTS ET SCÈNE DÉBATS PODCATS Recherchez OK

CETTE SEMAINE CINÉMA

CE SOIR TÉLÉVISION

TF1	20 : 42	Inspecteur Dubuc *Série*
2	20 : 35	Voyage en Chine *Reportage*
3	20 : 35	La région en question *Débat*
5	20 : 35	Refaire sa maison *Magazine*
arte	20 :35	La dame de chez Maxim *Film*

L'ÉMISSION CINÉMA À LA RADIO

« Avoir l'œil »

Chaque semaine, les journalistes de « Télécinéma » suivent l'actualité du cinéma. Aujourd'hui, c'est Louis Ramin qui a eu l 'œil pour vous. Il a vu tous les films nouveaux de cette semaine. Les deux films importants de la semaine : « Adèle Blanc-sec» et « 36 quai des Orfèvres ».

DOSSIER SPÉCIAL

Le cinéma de Chabrol

Pauline : Salut les amis ! Qu'est-ce qu'on fait ce soir ? Je propose de regarder un film chez moi à 20 heures. J'attends vos réponses !

Bibou : Ok ! Super ! Moi, je finis à 19 heures. Après mon travail, je peux venir chez toi. Voilà mon opinion : je suis pour une soirée tranquille. ;)

Chado : Ah non ! Je veux aller au concert de jazz, place du Grand Marché à 20 heures, ça ne vous dit pas ?

Sylvia : Si ! Ça, c'est une bonne idée. Je suis d'accord mais je peux venir vers 21 heures, après mon match de volley.

Bibou : C'est impossible, désolé ! Demain, j'ai une journée difficile. Je préfère aller chez Pauline.

Chado : Moi, une soirée à la maison, je suis contre ! On pourrait aller au concert !

Pauline : Bof ! Maintenant, je ne sais pas, un film chez moi ou un concert...Ça m'est égal, vous décidez. Désolée Bibou...

Bibou : Pour le concert, je ne suis pas d'accord. Je sais que vous aimez le jazz mais je déteste ! Alors, je vais rester seule chez moi. Amusez-vous bien !

PROPOSER UNE ACTIVITÉ

1

a. J'observe la page du site Internet. J'associe une rubrique à une activité.

Rubrique	Activité
Arts & scènes	Trouver des expositions
Musiques	Lire des critiques de films
Télévision	Parler, discuter sur des sujets différents
Débats	Découvrir les CD à la mode
Cinéma	Connaître les émissions télés

b. Sur le site Internet de Télérama, je choisis mes trois rubriques préférées.

2

Je présente mes trois rubriques préférées à mon voisin.

Tu vois, ça, c'est la rubrique télévision, c'est pour connaître les horaires des programmes et les informations sur les séries. J'aime les séries !

3 **> Piste 41** DVD Rom

J'écoute le dialogue et je note les expressions.

Pour proposer une activité :	Pour donner son opinion :
Qu'est-ce qu'on fait ce soir ? ...	*Je suis pour !* ...

4

J'invite un ami pour la soirée. J'écris un message avec des propositions d'activités.

Exprimer son opinion

Opinion positive : *Oui / Ok / Je suis pour / Je suis d'accord / Si tu veux / Super / C'est une bonne idée / C'est génial !*

Opinion négative : *Non / Ah non / Je suis contre / C'est impossible / Je ne veux pas !*

Opinion neutre : *Bof / Ça m'est égal.*

EXPRIMER SON OPINION

5

Dans le dialogue, je repère le nom des amis, les activités et je les classe.

20 h : Soirée film à la maison   Concert de jazz

    Pauline   ...

    ...   ...

Oui / Non / Si

Tu veux aller au concert ?
Non, *je ne veux pas.*
Elle veut aller au théâtre ?
Oui, *elle veut.*
*Vous **ne** voulez **pas** aller au cinéma ?*
Si (*= oui*), *nous voulons !*

On utilise « si » quand la question est négative mais la réponse positive.

6

Je réponds aux questions de mes amis.

Tu es chez toi ?
☺ *Oui, je suis chez moi.*

a. Tu écoutes de la musique ?
   ☹ ...
b. Tu ne travailles pas ?
   ☺ ...
c. Tu es libre ce soir ?
   ☺ ...
d. Tu ne veux pas manger au restaurant ?
   ☹ ...
e. Tu veux aller au cinéma ?
   ☹ ...
f. Tu ne veux pas regarder la télé ?
   ☺ ...

7 **> Piste 42**

J'écoute la critique du film. Je note ☺, ☺ ou ☹.

Film	☺	☺
Histoire		
Décors		
Musique		
Acteurs		

8

Je dialogue avec mon voisin. Ce soir, c'est l'anniversaire de Jacques. Je veux aller au concert de rock. Mon voisin veut aller à l'anniversaire. Nous trouvons une solution pour faire les deux activités. Je joue la scène avec mon voisin.

– Ce soir, c'est l'anniversaire de...
– ...

☒ à savoir
☒ à prononcer

Les formes « il y a », « c'est », « voilà », « ça », « c'est »

– *Il y a* une soirée chez Tatiana ? *C'est* une bonne idée.
– *Voilà* le numéro de Tatiana. Et *ça, c'est* l'adresse.
– Renan Luce vient chanter à Paris.
– Mais *il n'y a pas* de billets pour le concert !
– *Ce n'est pas* un problème ! *Voilà* quatre invitations !

• Pour présenter, on utilise : « Il y a… » / « C'est… »
Il y a un concert ce soir ! *C'est* un concert de rock.

• Pour montrer, on utilise : « Voilà… »
Voilà le bus pour la tour Montparnasse.

• Pour insister, on utilise : « Ça, c'est… »
Ça, c'est ton billet de train et *ça, c'est* mon billet !

• **Rappel**
Avec la négation, les articles « un », « une », « des » se transforment en « de ».
– *Il y a des* places pour le concert ?
– Non *il n'y a pas de* place …

Attention !
Exception : Avec « c'est », les articles ne changent pas.
– *C'est un* ami de Tatiana ?
– Non, *ce n'est pas un* ami de Tatiana.

1. **> Piste 43**
J'écoute les trois dialogues. J'associe une image à un dialogue.

2.
Je complète le dialogue avec une des propositions entre parenthèses.
– Regardez ! *(Voilà / Il y a)* le bus pour visiter la ville de Paris.
– Super ! Il est moderne. *(Il y a / C'est)* un nouveau bus, non ?
– Oui mais désolé, *(ce n'est pas / il n'y a pas)* de micro ! Allez ! Nous commençons la visite avec la place de l'Étoile.
– Oh ! *(Voilà / Ça, c'est)* un grand monument, là. Qu'est-ce que c'est ?
– *(Voilà / Ça, c'est)* l'Arc de triomphe !
– Mais oui ! Bien sûr ! Et cette grande avenue ?
– *(Il y a / C'est)* l'avenue des Champs-Élysées.

3.
Avec mon voisin, on choisit un objet dans la classe. On utilise les expressions *il y a, c'est, voilà, ça, c'est* pour présenter l'objet.

Le pronom « on »

– *On* va au cinéma ce soir ?
– Oui, super ! *On* peut prendre un taxi.
En France, *on* mange beaucoup de fromages !

• Le pronom « on » a plusieurs significations :
« On » = nous → *On va faire des courses aujourd'hui ?*
« On » = les gens → *On danse beaucoup la samba au Brésil.*

Attention !
Avec « on », le verbe est conjugué à la 3ᵉ personne du singulier !

4.
Je choisis le pronom qui convient : *il, elle, on.*
Avec mes amis, … va au concert d'Izia ce soir ! Son père est très célèbre. … fait des albums avec beaucoup de textes. En France, … adore ce chanteur ! Sa fille a 20 ans, … est très jeune et … fait des chansons rock. Au concert, … va bien s'amuser !

5.
Je présente les activités culturelles et sportives dans ma ville. J'utilise le pronom *on*.
Chez moi, à …, on a une équipe de tennis…

Le présent des verbes *pouvoir*, *vouloir* et *savoir*

– Pendant les soirées, je *veux* danser tout le temps.
– Moi, je *peux* écouter la musique mais je ne *sais* pas danser ! Tu *veux* bien m'apprendre ?

Pouvoir	Vouloir	Savoir
Je peux	Je veux	Je sais
Tu peux	Tu …	Tu …
Il / Elle peut	Il / Elle …	Il / Elle …
Nous pouvons	Nous voulons	Nous savons
Vous pouvez	Vous …	Vous …
Ils / Elles peuvent	Ils / Elles …	Ils / Elles …

6. 🖊

Je note les conjugaisons des verbes *vouloir* et *savoir*.

7. 🖊

Je complète avec les pronoms pour les différentes formes du verbe.

– On trouve les formes « pouv… » et « voul… » avec les pronoms : nous, …
– On trouve les formes « peuv… » et « veul… » avec les pronoms : je, …

8. 🖊

J'observe les différentes terminaisons des verbes en - re et - oir. Je complète la conjugaison du verbe *devoir* et je conjugue un autre verbe terminé par -oir.

	Terminaisons	Pouvoir	Devoir
Je	-s ou -x	Je peux	Je dois
Tu	-s ou -x	Tu peux	…
Il / Elle / On	-d ou -t	Il peut	…
Nous	-ons	Nous pouvons	…
Vous	-ez	Vous pouvez	…
Ils / Elles	-ent	Elles peuvent	…

Les voyelles [ø] – [œ] – [o] – [ɔ]

On prononce [ø] et [o] la bouche un peu ouverte. 😊
On prononce [œ] et [ɔ] la bouche ouverte. 😮

[ø]	veux	[œ]	veulent
[o]	numéro	[ɔ]	d'accord

En général, quand il y a une consonne après *eu* et *o*, elles se prononcent [œ] et [ɔ].

1. 🎧 **> Piste 44** 💿 DVD Rom

J'écoute et je souligne les mots qui se prononcent…

a. avec la voyelle [œ].
heure – jeu – veux – jeune – seul – heureux – acteur – visiteur – peut – chanteur

b. avec la voyelle [ɔ].
sors – sot – j'adore – numéro – mode – bravo – stylo – rock – infos – d'accord

2. 🎧 **> Piste 45** 💿 DVD Rom

J'écoute et je joue les mini-dialogues avec mon voisin.

a. – Qu'est-ce que tu v**eu**x faire ce soir ?
   – On p**eu**t aller au concert de Renan Luce, si tu v**eu**x. J'ai d**eu**x places.
   – D'acc**o**rd ! C'est super ! J'ad**o**re ce chant**eu**r !
   – C'est à dix-n**eu**f h**eu**res à l'**O**lympia.

b. – Je te pr**o**p**o**se de faire un p**eu** de sp**o**rt tout à l'h**eu**re.
   – Si tu v**eu**x. On p**eu**t faire du vél**o** ou de la rand**o**nnée à pied.
   – J'ad**o**re les d**eu**x ! Qu'est-ce que tu v**eu**x faire aujourd'hui ?
   – On p**eu**t faire du vél**o** à d**eu**x h**eu**res et de la rand**o**nnée à six h**eu**res.

3. 🎧 **> Piste 46** 💿 DVD Rom

J'écoute et je répète ces phrases.

a. Il veut.
   Il veut un jeu.
   Il veut un jeu sérieux.
   Il veut un jeu sérieux pour nous deux.

b. Je sors.
   Je sors ce soir.
   Je sors ce soir à 20 heures.
   Je sors ce soir à 20 heures avec Hector.

c. Ils veulent.
   Ils veulent et ils peuvent.
   Ils veulent et ils peuvent faire du sport.
   Ils veulent et ils peuvent encore faire du sport.

➡ *Parler de ses activités*

❶ 💬

On sonne à ma porte... C'est Édouard avec Anna et Jeanne. On parle du programme de notre soirée.

❷ ✏

Avec Édouard, on va sur Internet pour trouver des activités. Un site propose un test et des places de concert à gagner. Je complète le test.

> http://www.jegagne.fr

> Places de concert À GAGNER !

☐ Homme   ☐ Femme
- Âge : ...
- Utilisations ou activités de loisirs
préférées : notez ☺, 😐 ou ☹.

UTILISATIONS OU ACTIVITÉS PRÉFÉRÉES		
LA TÉLÉVISION OU LA RADIO	L'ORDINATEUR ET INTERNET	LES ACTIVITÉS CULTURELLES
Regarder des films et des séries ...	Travailler ...	Aller aux concerts ...
Regarder / écouter les informations ...	Jouer ...	Chanter et faire de la musique ...
Regarder / écouter des émissions musicales ...	Chercher des informations ...	Danser ...
Autres :	Autres :	Autres : ....

❸ 🎧 ② **> Piste 47** ⊚ DVD Rom

J'écoute Édouard et je complète le test pour lui.

❹ ✏

Sur le site Internet, on demande aussi de répondre à ces questions. Je réponds.

a. Quand écoutez-vous de la musique ?

b. Où écoutez-vous de la musique ?

c. Quel genre de musique écoutez-vous ?

Soirée à la maison

2 | Rendez-vous

➡ Choisir un film

5 **> Piste 48** 🄳 DVD Rom

Nora laisse un message téléphonique. J'écoute le message. Je note ☺ et ☹.

- vidéo d'un concert de rock
- vidéo de science-fiction
- karaoké
- aller à un concert

- vidéo d'une comédie
- jeu de société
- jeu vidéo de foot

6 ✏

Je choisis deux activités pour la soirée. J'envoie un texto à Nora et je propose un programme.

Salut Nora ! Ce soir...

7 ✏

Nora arrive.

a. Sur le site critiquedefilms.fr, je lis les critiques de deux films. Je complète le tableau avec ☺ ou ☺ ou ☹.

b. Avec mon voisin, on choisit le film pour le soir.

	Sucre glace	*Le Plaisir de chanter*
L'histoire	...	...
Les acteurs	...	...
Le décor	...	...
La musique	...	...

http://www.critiquedefilms.fr

SUCRE GLACE : un film intéressant sur une famille indienne avec deux enfants. Ils déménagent dans une grande ville et toute la famille va commencer une nouvelle vie. Très bon scénario mais les acteurs ne sont pas super ! La ville et tous les décors sont très beaux mais je déteste la musique, trop techno.

LE PLAISIR DE CHANTER : je suis pour ! Les trois actrices chantent et jouent très bien. La musique est vraiment agréable. Les décors, dans une ville du Nord, sont très beaux. L'histoire n'est pas très importante, mais on regarde le film pour les chansons.

Donner des informations sur un film

Étape 1 : En petits groupes, on choisit un film que l'on veut commenter.

Étape 2 : On donne les informations sur le film (titre, genre, année, nationalité, durée).

Étape 3 : On écrit une critique du film (histoire, acteurs, décors...).

Étape 4 : On présente nos critiques à la classe.

Culture Jeux

C'est un jeu d'équipe, de questions et de chance !

ZAPPER L'OIE !

Le but du jeu est de partir du canapé pour arriver le premier à la télécommande.

Divisez la classe en deux groupes.

Le professeur pose une question à une équipe :
• l'équipe répond correctement et avance de 1, 2 ou 3 cases.
• l'équipe ne répond pas ou ne donne pas la bonne réponse, alors l'autre équipe peut jouer et essaie de répondre à la même question.

Chaque équipe joue à tour de rôle. Vous avancez case par case.

Il y a plusieurs types de cases :
• la case « canapé » : c'est la case départ ;
• les cases « télévision » : vous répondez à des questions sur la télévision française ;
• les cases « journaux, magazines » : vous répondez à des questions sur la presse française ;
• la case « radio » : vous répondez à des questions sur la radio française ;
• les cases « Français » : vous répondez à des questions sur les Français ;
• Attention ! Vous tombez sur la case « oie » ? Vous retournez sur le canapé !
• la case « télécommande » : vous trouvez la réponse de l'énigme donnée par votre professeur et vous avez gagné !

? +2 +3

Jour 6

A1

Rendez-vous 1

à découvrir
- Décrire une personne
- Exprimer ses sentiments

à savoir, à prononcer
- Le passé récent
- *Moi aussi / moi non plus*
- Les constructions de la phrase simple
- La liaison et l'enchaînement (2)

à faire
Organiser un atelier de stylisme

Rendez-vous 2

à découvrir
- Parler de son entourage
- Exprimer la fréquence

à savoir, à prononcer
- Le présent des verbes pronominaux
- La notion de passé
- Les locutions de temps
- Les consonnes [ʃ] – [ʒ]

à faire
Dessiner un blason

Culture Jeux
La famille

Évaluation A1

08:00

Rendez-vous 1

09:00 Nouveau style

14:00

15:00

16:00

17:00

18:00

19:00

20:00

21:00

22:00

23:00

Rendez-vous 2

Soirée photos

TOP MODE – n° spécial - 20 novembre 2012

La mode des mois

JANVIER
C'est le mois du froid.
Vous portez des
manteaux longs
et des pulls chauds.

FÉVRIER
Pour la Saint-Valentin,
monsieur, vous choi-
sissez une chemise
et un pantalon de
fête. Madame, vous
portez des vêtements
élégants.

MARS
Il faut un parapluie
et un imperméable.
Mettez des bottes !

AVRIL
Soleil, pluie, soleil ;
attention, les vêtements
changent souvent.

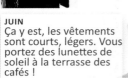

MAI
Allez, vous pouvez
sortir les jupes et
les petites vestes.
Il fait beau.

JUIN
Ça y est, les vêtements
sont courts, légers. Vous
portez des lunettes de
soleil à la terrasse des
cafés !

JUILLET – AOÛT
Les vacances arrivent.
Et le soleil est là !
Voilà les T-shirts et
les chapeaux : petits,
grands, bizarres, de
toutes les couleurs.

SEPTEMBRE

– Dis donc, Tu sais qui j'ai vu le mardi 3 ? Un journaliste du magazine *Top mode*. Je suis très contente !

– Ah bon. Et alors ? C'est pour tes études de stylisme ?

– Oui, je dois préparer mon travail de fin d'année. Je veux présenter les vêtements des jeunes Français.

– Moi aussi, je vais étudier la mode. Bon, raconte. Il est comment ?

– Le magazine ou le journaliste ?

– Le journaliste bien sûr ! Il s'appelle comment ? Il est blond, il est grand, il est sympa ?

– Il est très gentil et il parle très bien de son travail. Il écrit sur les vêtements des stars. C'est super !

– Vraiment ? Et il est comment ? Il est mignon ?

– Tu sais, il est roux, un peu mince avec des lunettes et il porte des vêtements… très chic !

– Intéressant ! Et tu vas prendre encore rendez-vous ? Pour une interview peut-être ?

– Je ne pense pas. Vendredi, le 13, il vient à l'école pour voir les autres étudiants. Pas pour moi ! C'est triste.

– Courage. Moi aussi, je suis là vendredi ! Tu fais une interview et tu donnes ton numéro de portable : vendredi, on est le 13 et c'est un jour de chance.

DÉCRIRE UNE PERSONNE

1 🎧 ② **> Piste 65** 💿 DVD Rom

J'écoute le dialogue et je note :

a. les deux dates ;
b. la description physique
du journaliste de *Top Mode*.

> **Caractéristiques physiques**
>
> | | |
> |---|---|
> | blond / blonde | Il / Elle a les cheveux courts / longs. |
> | brun / brune | mince / mince |
> | roux / rousse | fort / forte |

2

Je lis la page de *Top Mode* et je note les réponses.

a. Au mois de mars, qu'est-ce qu'il faut porter ?

b. Comment il faut s'habiller aux mois de juin, juillet et août ?

c. En janvier, je porte : une jupe – un pull – des bottes ?

> **Les mois de l'année**
>
> *Janvier – février – mars – avril – mai – juin – juillet – août – septembre – octobre – novembre – décembre*
>
> *On prononce les dernières lettres de « mars », « avril », « août » !*

3

Avec mon voisin, on discute de la mode des mois de *Top Mode* et on propose des vêtements à porter pour les mois de septembre, octobre, novembre et décembre.

4 ✏️

Je regarde la page de *Top Mode* et je réponds au message de mon ami.

Tomy

Qu'est-ce que je prends dans ma valise pour les trois semaines de vacances en juillet chez toi ? Merci.
Tomy

> **Les vêtements**
>
> *Je porte… = J'ai…*
> *Je mets… = Je m'habille avec…*
> *une veste – un manteau*
> *un pantalon – une jupe – une chemise – un T-shirt – des chaussures (fém.) – des bottes (fém.)*

> **Pour caractériser des vêtements, j'utilise :**
>
> *chaud*   *léger*
> *élégant*   *court / long*
>
> ○ *blanc / blanche*   ○ *jaune*
> ● *noir / noire*   ● *marron*
> ● *bleu / bleue*   ● *vert / verte*
> ● *rouge*

5

Jeu de la mode.

> **Les accessoires**
>
> *un chapeau*
> *des lunettes*
> *un parapluie*

EXPRIMER SES SENTIMENTS

6 🎧 **> Piste 66**

J'écoute les personnes. Pour chaque personne, je dis « la personne est contente » ou « la personne n'est pas contente ».

7 🌐

Je choisis un dessin et je joue la scène avec mon voisin. On exprime des sentiments.

8 ✏️

Je lis *Top Mode* et je choisis quatre mois. Dans mon journal personnel, j'écris une situation et un sentiment pour chaque mois choisi.

Le 25 mai. Il fait beau. J'apporte un cadeau à ma grand-mère : une petite veste légère. Elle est très contente !

> **Exprimer un sentiment**
>
> ☺☺ *Je suis heureux.*
> ☺ *Je suis content.*
> ☹ *Je suis triste.*
> ☹☹ *Je suis malheureux.*

Grammaire

Le passé récent

–Qu'est-ce qui se passe ?
– Je *viens* d'acheter un chemisier.

« venir de » + infinitif

Je viens
Tu viens
Il / Elle / On vient
Nous venons
Vous venez
Ils / Elles viennent

• On utilise le passé récent pour parler d'une action très proche :
– Vous *venez de* finir les courses ?
– Oui… et je *viens* d'acheter une nouvelle robe.

1.

Je regarde les trois photos d'un magazine de mode. J'écris un commentaire personnel pour chaque photo. J'utilise *il vient de*.

2.

J'arrive en retard en classe. Mon voisin demande pourquoi et je réponds avec *je viens de*. On joue la scène.

3.

Je lis les messages et je réponds. J'utilise *venir de*.

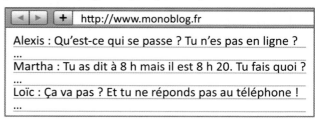

◄ ► **+** http://www.monoblog.fr

Alexis : Qu'est-ce qui se passe ? Tu n'es pas en ligne ?
…
Martha : Tu as dit à 8 h mais il est 8 h 20. Tu fais quoi ?
…
Loïc : Ça va pas ? Et tu ne réponds pas au téléphone !
…

« Moi aussi » / « Moi non plus »

– Oh, la, la, je n'ai pas de chaussures de ski !
– *Moi non plus*, mais ça va aller !

• On utilise « moi aussi » pour répéter la même chose positive :
– J'ai des lunettes. Et toi ?
– *Moi aussi*, j'ai des lunettes.

• On utilise « moi non plus » pour répéter la même chose négative :
– Le 14 juillet, je ne travaille pas !
– *Moi non plus*, je ne travaille pas le 14 juillet.

4.

Je reçois un message de mon correspondant italien et je réponds. J'utilise *moi aussi* et *moi non plus*.

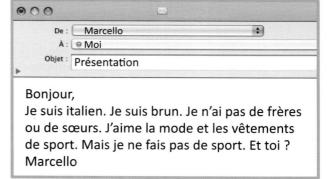

De : Marcello
À : Moi
Objet : Présentation

Bonjour,
Je suis italien. Je suis brun. Je n'ai pas de frères ou de sœurs. J'aime la mode et les vêtements de sport. Mais je ne fais pas de sport. Et toi ?
Marcello

5.

Je propose deux choses ou activités préférées et deux choses ou activités détestées. Je demande à mon voisin « Et toi ? ». On cherche des réponses avec *moi aussi* et des réponses avec *moi non plus*.
– J'aime le football, et toi ? – …
– Je n'aime pas les tests dans les magazines. Et toi ? – …

Les constructions de la phrase simple

C'est un manteau.
Il est beau.
Il faut porter un beau manteau.
J'aime les beaux manteaux !

- Dans la phrase simple, il y a au minimum **un verbe conjugué.**

- On écrit la phrase simple avec :
- **un verbe seul**   *Sors ! Tu sors !*
- **sujet + verbe + adjectif**   *Il fait froid.*
ou
- **sujet + verbe + nom**   *Je préfère le soleil.*
ou
- **sujet + verbe + infinitif**   *Je dois partir.*

6.

J'ai un problème avec mon ordinateur. Je reçois des messages mais les mots sont dans le désordre. J'écris le message dans l'ordre.

à 8 heures venir dois au magasin Tu. de recevoir
des vêtements vient élégants On. très content vas être
Tu. une petite pour veste Il y a toi.

Phonétique

La liaison et l'enchaînement (2)

La liaison (2)

- Les consonnes « s », « z », « n », « t », « d » se prononcent devant une voyelle : c'est **la liaison**. *Les nouveau**x é**tudiants. Elle**s a**rrivent.*

- La liaison n'est pas toujours possible en français. On ne fait pas la liaison :
- quand l'adjectif est après le nom ;
- quand le sujet n'est pas un pronom (avant le verbe) ;
- avant le « h » aspiré ;
- après « et ».
Des vêtements / élégants. Les vacances / arrivent.
Les / Halles. Et / alors ?
Une chemise et / un pantalon.

1.  **> Piste 67** DVD Rom

J'écoute et je répète les phrases. J'observe quand on fait la liaison et quand on ne fait pas la liaison.

a. Me**s a**mis / achètent toujours des vêtements / élégants mais / originaux.

b. Luc porte une chemise et / un pantalon / à fleurs. Et / Agathe porte de**s e**scarpins / orange.

c. **On** e**st déjà **en a**vril, le soleil brille et les vacances / arrivent !

d. E**n août**, mes parents / envisagent de voyager **en A**llemagne et / en / Hollande.

e. **Ils o**nt **des a**mis / allemands qui habitent **dans u**ne maison / à Francfort.

L'enchaînement (2)

- Quand un mot se termine par une voyelle et que le mot suivant commence par une voyelle, on ne fait pas de pause entre les mots. C'est **l'enchaînement**.
*Ça v**a a**ller.*
*Elle v**a à un** rendez-vous.*
*M**oi au**ssi.*
*Dem**ain a**près-midi.*

2.  **> Piste 68** DVD Rom

J'écoute et je répète les phrases. Je fais l'enchaînement vocalique.

a. Soph**ie a un** am**i a**méricain.

b. Ça v**a a**ller ? Oui, oui, ça v**a a**ller !

c. Il v**a à A**thènes **ou à I**stanbul cet été ?

d. Angel**a et Hugo ont** une id**ée in**téressante.

e. Lis**a a u**ne jupe **à a**cheter dem**ain ap**rès-midi.

f. M**oi au**ssi, j'**ai en**vie d'invit**er u**ne am**ie à** dîner.

➡ Faire un test de personnalité

1 🎧 **> Piste xx** 💿 **DVD Rom**

J'écoute le message et je retrouve Anna : je choisis le dessin.

2 🔍

Anna regarde un magazine de mode. On lit ensemble la page de test *Comment êtes-vous ?* et on répond aux questions.

3 ✏

Anna raconte à une amie les résultats du test *Comment êtes-vous ?* J'aide Anna à écrire le texto.

Comment êtes-vous ?

QUESTION 1
Vous êtes dans un magasin avec un(e) ami(e).
Vous voulez acheter un nouveau vêtement.
Il est cher et vous n'avez pas d'argent.
    a. Vous partez.
    b. Vous allez à la banque.
    c. Vous demandez de l'argent à votre ami(e).

QUESTION 2
Vous venez de rencontrer une personne.
Vous donnez rendez-vous à cette personne
mais elle ne peut pas venir.
    a. Vous pensez : « Pour elle, je ne suis pas
       intéressant ! ».
    b. Vous proposez un autre rendez-vous.
    c. Vous oubliez cette personne.

QUESTION 3
Vous êtes en retard au travail.
    a. Vous travaillez plus tard le soir.
    b. Vous ne parlez pas du retard à votre chef.
    c. Vous vous excusez.

QUESTION 4
Vous venez de recevoir une invitation pour
une fête « Thème : vêtements et sentiments ».
Vous allez à cette fête et…
    a. vous portez un pantalon noir, une veste noire
       et des chaussures noires.
    b. vous portez des lunettes noires, un chapeau de
       soleil, une chemise orange et un pantalon blanc.
    c. vous portez un T-shirt bleu, une veste grise
       et des chaussures marron.

RESULTATS
Vous avez 3 ou 4 b. : Vous êtes naturellement heureux(euse) dans la vie. Pas de problème !
Vous avez 3 ou 4 a. : Vous êtes une personne malheureuse facilement. Un petit problème et c'est la catastrophe !
Vous avez 3 ou 4 c. : Les situations difficiles ne sont pas des problèmes pour vous. Vous trouvez vite la solution.
Vous avez 2 a., 2 b. ou 2 c. : Chaque situation est différente : les sentiments changent chez vous avec le mois, le jour
                    ou l'heure !

Nouveau style

➔ *Choisir un style de vêtements*

4

Je suis dans un magasin de vêtements avec Anna. Je veux faire un cadeau à ma voisine Mathilde et je choisis un vêtement. Anna veut aussi acheter un vêtement. Je joue la scène avec mon voisin.

Tu sais, je veux faire un cadeau à Mathilde. Elle porte souvent des vêtements très élégants et elle adore les fleurs ! Mais elle a aussi 67 ans ! Qu'est-ce que je peux acheter ?...

5

Je rentre à la maison pour déjeuner. J'envoie un message à Édouard pour raconter mon achat pour la voisine : « Je viens de faire des courses avec Anna... »

Organiser un atelier de stylisme

Étape 1 : En petits groupes, on choisit des vêtements et des accessoires « à la mode française » sur des catalogues ou sur Internet.

Étape 2 : Dans les groupes, on choisit une personne (professeur de français, bibliothécaire, secrétaire... de l'école de langues) et les vêtements pour habiller cette personne « à la mode française ».

Étape 3 : Chaque groupe présente à la classe le style choisi pour la personne. On vote pour le numéro 1 du style français.

A

Il y avait toute la famille pour l'anniversaire de grand-père.

Présentation 1
Pendant le week-end, on va souvent à la campagne avec ma mère et ma fille. Le samedi matin, on se réveille tôt, on se lave, on se coiffe, on s'habille… et hop ! En voiture !

Présentation 2
Sur la photo, je suis avec ma mère et ma petite sœur à la maison. Tous les vendredis soirs, on attend le retour de mon père, alors on se couche souvent tard.

Présentation 3
C'était la semaine dernière pour l'anniversaire de mon grand-père. Il y avait toute la famille : les grands-parents, les parents, les enfants… Pendant la journée, on s'est promené dans le jardin. Super souvenir !

B

Un week-end à la campagne entre filles.

C

C'était un vendredi soir à la maison.

PARLER DE SON ENTOURAGE

1

Je regarde les photos de famille.
J'associe une légende à une
photo.

2 **> Piste 70** DVD Rom

J'écoute et j'associe une
présentation à une photo.

3 **> Piste 70** DVD Rom

J'écoute encore. J'observe
les photos. Quelle personne
de la photo parle ?

4

J'écris deux questions sur la
famille. Je pose les deux
questions à la classe.

*Qui a quatre grands-parents
aujourd'hui ? Qui a trois frères
et sœurs ?*

5 🖊

En groupe, on dessine ou on
trouve les photos de quatre
personnes d'une famille.
Chaque groupe écrit une fiche
pour présenter les personnes
de la famille : prénom, âge…

Ma famille

| grand-père | grand-mère |

| père | mère |

| frère | moi | sœur |

mari / femme
fils – fille

6

Avec la classe, on fait un arbre
généalogique pour créer une
grande famille avec les portraits
de l'activité 5.

Il ressemble à son père !
Paul et Bruno ont un air de famille.

EXPRIMER LA FRÉQUENCE

Parler de ses habitudes…

- *Aujourd'hui, c'est dimanche,
  je me réveille tard.*
- *Le matin, je me lave.*
- *Tous les soirs, je me brosse les dents.*
- *Le jeudi, je me lève tôt.*
- *Pendant mes vacances, je pars faire
  du ski.*

7

Je fais le test.

Les habitudes des français. Et moi ?	Toujours = 7 fois par semaine	Souvent = 5 fois par semaine	De temps en temps = 2 ou 3 fois par semaine	Jamais = ⊘
a. Je me réveille avant 8 heures.	☐	☐	☐	☐
b. Je me lave le matin.	☐	☐	☐	☐
c. J'écoute les informations à la radio.	☐	☐	☐	☐
d. Je prends du café au petit-déjeuner.	☐	☐	☐	☐
e. Je mange à 12 h 30.	☐	☐	☐	☐
f. Je mange à 20 heures.	☐	☐	☐	☐
g. Je regarde le journal à la télévision.	☐	☐	☐	☐
h. Je me couche après 23 heures.	☐	☐	☐	☐

8

J'écris la journée-type de
madame Toulemonde et de
monsieur Personne.

Tous les matins, …

9

Avec mon voisin, on choisit
un personnage de la famille
de l'activité 6.

a. On raconte la journée du
dimanche du personnage.

Le dimanche, il / elle…

b. Je raconte ma journée
du dimanche.

Grammaire

Le présent des verbes pronominaux

Je me lève et je me couche… comme d'habitude !

- Un verbe pronominal = « se » + verbe en « –er »

- **« Se » correspond au sujet.**
Jérémy se lave.
➜ Jérémy fait l'action de laver son corps.
≠ *Jérémy lave sa voiture.*
Dany se couche.
➜ Dany fait l'action d'aller au lit.
≠ *Dany couche les enfants.*

La notion de passé

Hier, je me suis réveillé et il y avait du soleil.

- Pour parler au passé, on utilise deux temps :
le passé composé et **l'imparfait**.
– On utilise le passé composé pour parler des actions.
– On utilise l'imparfait pour parler de la situation, par exemple du climat.

Il est arrivé.   Il y avait de la neige.
Il a fait du ski.   Il faisait froid.
Il est tombé.

1.

Je lis les phrases. Qui fait quoi ? J'associe une phrase à un dessin.

a. Ma sœur est dans la salle de bains, elle se lave.
b. Le chien se promène dans le jardin.
c. Mon frère se lève.
d. Mon père se réveille.
e. Ma mère se coiffe.
f. Ma grand-mère se brosse les dents.

2.

Avec les verbes de l'activité 1, j'écris la journée de madame Marchand et de son petit-fils, Florian.

3.

Amine envoie une carte postale à ses collègues de bureau. Je lis la carte postale et je choisis la bonne réponse.

a. Amine était…
  - à la plage.
  - à la montagne.
  - à la campagne.

b. À Megève, …
  - il faisait chaud.
  - il y avait du soleil.
  - il faisait froid.
  - il y avait de la neige.

c. Amine était…
  - malade.
  - en forme.
  - blessé.

Bonjour à tous,

Hier, je suis arrivé à Megève. Il y avait de la neige et il faisait froid. À 11 heures, j'ai fait du ski. Cinq minutes après, je suis tombé. Maintenant, j'ai mal à la jambe. Fini le ski !

Bon travail à tous ! À lundi !

Amine

4.

Je mets les actions de la carte postale dans l'ordre.
a. Chute à ski
b. Arrivée à Megève
c. Mettre les skis
d. Mal à la jambe

Hier	11 heures	11 h 05	Maintenant
…	…	…	…

5. **> Piste 71**

Amine laisse un message sur mon répondeur téléphonique. J'écoute le message. Je classe les informations (avant le message / pendant le message).

a. Avec ses parents.

b. Au café.

c. Chocolat.

d. Accident.

e. Hôpital.

f. Carte postale.

g. Neige.

h. Soleil.

6.

J'écris un message à un ami pour donner des nouvelles d'Amine.

Les locutions de temps

Avant le repas, j'ai faim. Pendant le repas, je mange. Après le repas, je dors !

• Pour parler du temps, on utilise des mots pour exprimer :
– **la fréquence** : *tous les jours* ;
– **un moment précis** : *aujourd'hui*.
Certains mots se placent en général en fin de phrase : *Elle dort toujours ; il ne faut pas la réveiller.*

7.

Je classe les mots sur la ligne du temps : *pendant - après - avant*.

————————— REPAS —————————→

8.

Je choisis la bonne colonne.

	Je veux parler des habitudes.	Je veux parler d'un moment précis.
a. Tous les jours	✓	
b. Demain		
c. Toujours		
d. 20 h		
e. Le mardi		
f. La semaine dernière		
g. De temps en temps		

9.

J'envoie un message à ma famille. Je raconte ma journée et j'utilise des locutions de temps.

Les sons [ʃ] et [ʒ]

• Pour écrire les sons [ʃ] – [ʒ], j'utilise plusieurs lettres :

[ʃ] → ch – sh (cas particulier)   *dimanche – chat – chocolat / shampoing*

[ʒ] → j – g + e, i, y   *jardin – jeudi – jour page – imaginer – gymnastique*

Attention !

« g » + « a », « o », « u » ne se prononce pas [ʒ].

1. **> Piste 72** DVD Rom

J'écoute et je répète les phrases.

1. [ʃ]

a. Sacha chante souvent la même chanson à sa fille chérie.

b. Le chat de Charlène adore se coucher près de la cheminée.

2. [ʒ]

a. En janvier, Gilles a joué tous les jours dans la neige.

b. Julie et Juliette nagent tous les jeudis avec Jules et Jim.

3. [ʃ] et [ʒ]

a. En juin, il a fait chaud et orageux à Chamonix et à Megève.

b. J'ai acheté une chemise jaune chez Serge, un marchand de chemises « bon chic bon genre ».

2. **> Piste 73** DVD Rom

J'écoute et je répète les dialogues avec mon voisin.

a. – Tu joues dans ton jardin ?
– Je joue toujours dans mon jardin.

b. – Tu cherches ton chat ?
– Je cherche toujours mon chat.

c. – Tu bois du jus d'orange ?
– Je bois toujours du jus d'orange.

➡ *Découvrir la famille de Mathilde*

1

Je lis les commentaires et je trouve la bonne photo.

2  **> Piste 74** DVD Rom

J'écoute Mathilde et je réponds aux questions.

a. Qui est Emmanuel ?
b. Qui est Guillaume ?
c. Qui est Camille ?
d. Qui est Noël ?
e. Qui est Jeanne ?

Comment j'appelle…

… mon père ? ➜ papa !

… ma mère ? ➜ maman !

… ma grand-mère ? ➜ mamie ou mémé !

… mon grand-père ? ➜ papi ou pépé !

Et chez vous ?

3

Moi aussi, j'ai une photo avec des personnes de ma famille. En petits groupes, on pose des questions sur les personnes.

1. À la montagne, Camille se réveille

2. Guillaume se coiffe ! Attention !

3. Toute la famille se promène

4. Mathilde se lave dans la fontaine !!!

Soirée photos

➡ Raconter une journée quotidienne

4 **> Piste 75** DVD Rom

J'écoute Mathilde, elle me raconte sa vie avant et sa vie maintenant.

Avant, elle...
Maintenant, elle...

5

On observe la photo. Ils se ressemblent ? Pourquoi ?

Les Dutronc : une famille en musique...
Jacques Dutronc et Françoise Hardy chantent depuis les années 60. Ils se marient et ils ont un fils, Thomas Dutronc, musicien et chanteur !

TÂCHE

Dessiner un blason

Étape 1 : En petits groupes, on choisit une des deux familles : la famille Baltazar de Toutenois ou la famille Pompadour. On crée les personnes de la famille (grands-parents, parents, enfants).

Étape 2 : On décide d'une date et, dans le journal de la famille, on écrit les activités de cette journée pour chaque personne.

Étape 3 : On dessine un blason avec les symboles de la famille. Ces symboles représentent les activités préférées de la famille.

Étape 4 : On présente le blason à la classe.

Un blason est le drapeau d'une famille. Ce symbole est utilisé par les familles nobles depuis le XIIIᵉ siècle.

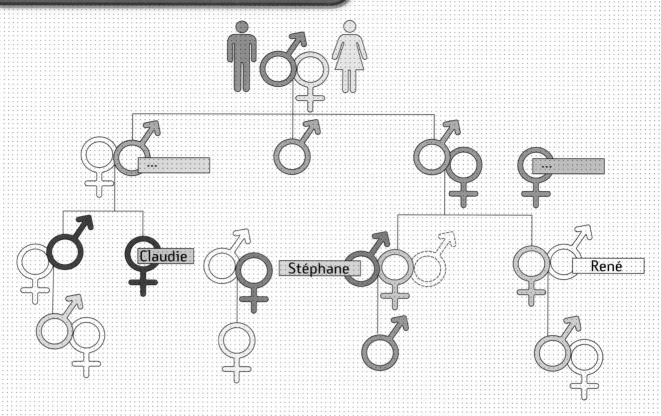

Claudie

Stéphane

René

1 *Qui est qui ?*

Complétez l'arbre généalogique.

César est le premier fils de Joseph et de Pétulette. Il a deux enfants : Claudie, célibataire. C'est la tante de Grégory. François est marié avec Rolande. Sa belle-mère s'appelle Rosette. C'est la grand-mère de Grégory. Grégory est marié avec Inès et ils n'ont pas d'enfants. Marius et Lucien sont les oncles de François. Lucien a deux filles : Christiane et Sylvie. La tante de Christiane et Sylvie s'appelle Jeanette, c'est la sœur jumelle de Pierrette. René est le beau-fils de Pierrette. Sylvie est divorcée de Sauveur. Les petits-fils de Lucien et Pierrette sont Bastien (Suzy, c'est sa femme) et Julien. La cousine de Julien s'appelle Carla, ses parents sont Bruno et Léa, la sœur de Stéphane.

2 *Qui est-ce ?*

Répondez à la question.

Les faits : Le soir de Noël, il y a cinq personnes de cette famille autour de la table : 3 femmes, 2 hommes. 4 personnes ont un seul enfant et ces enfants ne sont pas mariés. Qui est la tante du garçon ? Attention, elle veut manger tout le gâteau !

La structure de la famille

Une famille avec un seul parent (père ou mère) est une famille monoparentale. Après un divorce ou un décès, on peut avoir une nouvelle famille : c'est une famille recomposée. Les enfants ont alors un beau-père ou une belle-mère. Les adultes ont des beaux-fils ou des belles-filles.

>> Et chez vous ?

L'ÉNIGME DES FAMILLES

Les enfants

45 % des familles ont des enfants. Seulement 10 % des familles ont 3 enfants et plus : on appelle les familles avec 3 enfants les familles nombreuses. La « Carte famille nombreuse » permet d'avoir des réductions dans les transports, par exemple.

>> **Et chez vous ?**

 Qui suis-je ?

Trouvez le personnage.

Règles du jeu

Vous travaillez à 2 ou 3. Votre groupe choisit un personnage sur l'arbre généalogique de l'activité 1. La classe vous pose des questions pour deviner le prénom de votre personnage. Vous répondez seulement par *oui* ou par *non*. Attention ! Les questions du type « Tu es Sylvie ? » sont interdites. Vous devinez ensuite le prénom d'un autre groupe de la classe.

 Où est mon mari ? Où est ma femme ?

Recomposez la famille.

Règles du jeu

La classe est divisée en 4 groupes. Chaque étudiant prend une carte avec un prénom de l'arbre généalogique de l'activité 1. Chaque groupe va devoir reconstruire sa famille en posant des questions. Deux possibilités :

- vous devinez et la personne vient dans votre groupe et joue encore une fois,
- vous ne devinez pas et un autre groupe joue.

Vous gagnez quand vous avez 6 couples.

La généalogie

Depuis 20 ans, en France, la généalogie est à la mode. Beaucoup de sites Internet proposent de rechercher les parents, les grands-parents, les cousins, les petits-cousins…

>> **Et chez vous ?**

Les jeunes et le mariage

En 2008, 54 % des jeunes de 15 à 29 ans vivent chez les parents (60 % des garçons et 49 % des filles).
18 % des jeunes vivent seuls et 28 % vivent en couple.
Les hommes se marient en moyenne à 31 ans et les femmes à 29 ans.

>> **Et chez vous ?**

Évaluation 2

Delf A1

Activité 1 — 4 points

Objectif : identifier une activité

Écoutez le message sur le répondeur. Répondez aux questions.

1. Alex téléphone pour : . . . . .1 point
   a. proposer un rendez-vous.
   b. donner une information.
   c. organiser une activité.

2. Où est Alex ? . . . . .1 point
   a. À la maison.
   b. À la pharmacie.
   c. Chez le docteur.

3. À quelle heure le docteur vient voir Alex ? . . . . .1 point

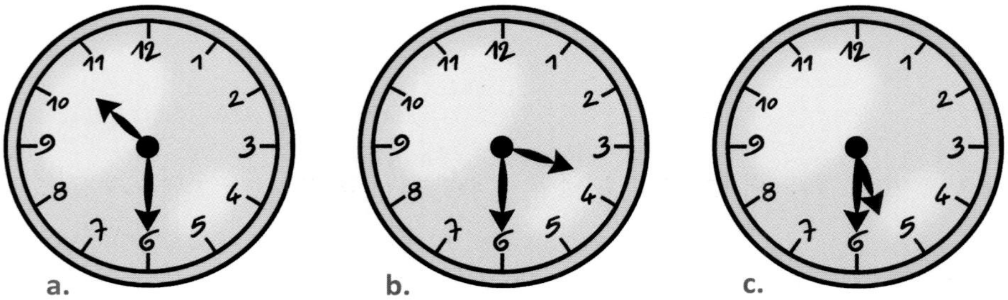

a.   **b.**   **c.**

4. Alex me demande d'aller à... . . . . .1 point

Activité 2 — 5 points

Objectif : identifier un événement

Écoutez une annonce à la radio. Répondez aux questions.

1. La radio annonce : . . . . .1 point
   a. une activité.
   b. un concert.
   c. une émission.

2. L'annonce concerne quel jour ? . . . . .1 point

3. La radio propose combien de tickets par personne ? . . . . .2 points

4. Moi aussi, je veux un ticket. Je dois : . . . . .1 point
   a. venir.
   b. téléphoner.
   c. écrire.

Activité 3   6 points

Objectif : comprendre des instructions

Écoutez une publicité. Répondez aux questions.

1. Sur le frigo, il y a quel appareil ? . . . . 2 points

2. Avec le frigo, je peux aussi : . . . . .1 point
    a. acheter des ingrédients.
    b. préparer des recettes.
    c. faire cuire des plats.

3. La super cuisinière : . . . . .1 point
    a. prépare des plats.
    b. choisit la température de cuisson.
    c. programme le temps de cuisson.

4. J'écris le numéro de téléphone pour avoir des informations. . . . . 2 points
    0 832 … …

Activité 4   10 points

Objectif : identifier des situations

Écoutez et écrivez le numéro de la situation sous le dessin qui correspond. Attention, il y a 5 situations et 6 dessins.

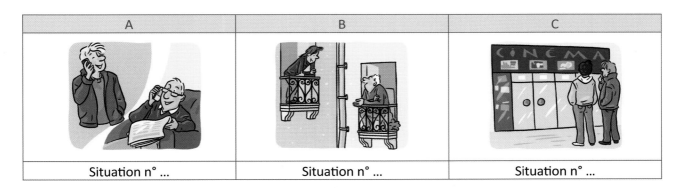

A	B	C
Situation n° …	Situation n° …	Situation n° …

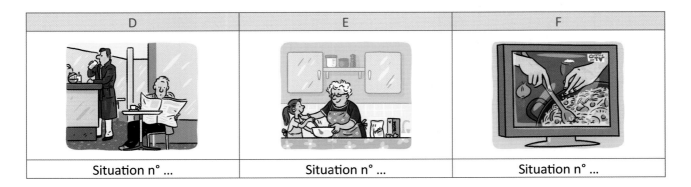

D	E	F
Situation n° …	Situation n° …	Situation n° …

Évaluation 2 Delf A1

Activité 1   6 points

Objectif : suivre des instructions simples

> Coucou,
>
> Je suis au travail cet après-midi. Il faut aller au magasin de vêtements pour Julie : sa robe est prête. Pense à donner les photos du mariage à ta mère ! Les enfants sont à la maison ce soir. Regarde dans le frigo, il y a deux pizzas. Ils veulent aussi regarder un film. Tu choisis un DVD au magasin de location vidéo : attention, il est ouvert jusqu'à 18 h.
> Voilà, à ce soir à 19 h.
>
> Patou

Lisez le message et répondez aux questions.

1. Cet après-midi, Patou me demande de : . . . . 1 point
  a. faire des courses.
  b. passer au bureau.
  c. manger avec les enfants.

2. Qu'est-ce que je dois faire au magasin de vêtements ? . . . . 1 point

3. Chez ma mère, je dois apporter : . . . . 1 point

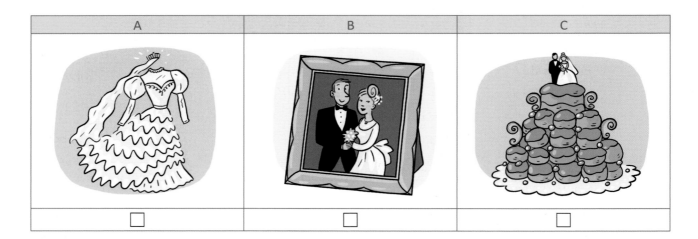

A	B	C
☐	☐	☐

4. Que vont faire les enfants ce soir ? (2 réponses) . . . . 2 points

5. Je peux trouver une vidéo : . . . . 1 point
  a. avant 18 h.
  b. à 18 h 30.
  c. après 19 h.

Activité 2

Objectif : lire pour s'orienter dans l'espace

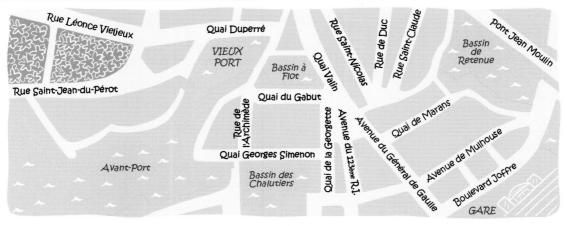

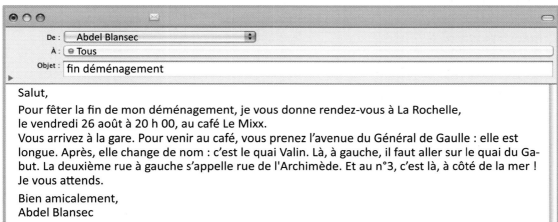

De : Abdel Blansec
À : Tous
Objet : fin déménagement

Salut,

Pour fêter la fin de mon déménagement, je vous donne rendez-vous à La Rochelle, le vendredi 26 août à 20 h 00, au café Le Mixx.
Vous arrivez à la gare. Pour venir au café, vous prenez l'avenue du Général de Gaulle : elle est longue. Après, elle change de nom : c'est le quai Valin. Là, à gauche, il faut aller sur le quai du Gabut. La deuxième rue à gauche s'appelle rue de l'Archimède. Et au n°3, c'est là, à côté de la mer !
Je vous attends.

Bien amicalement,
Abdel Blansec

Lisez le message et répondez aux questions.

1. Dans ce message, Abdel propose de venir : . . . . .1 point
    a. avant le déménagement.
    b. pendant le déménagement.
    c. après le déménagement.

2. Dans quelle ville se passe la fête ? . . . . .1 point

3. Le rendez-vous est : . . . . .1 point
    a. dans la gare.
    b. dans un bar.
    c. dans la rue.

4. À quelle date est le rendez-vous ? . . . . .1 point

5. Dessinez sur la carte l'itinéraire proposé dans le message. . . . . .2 points

Évaluation 2 · Delf A1

Activité 3 — 6 points

Objectif : lire pour s'orienter dans le temps

PROGRAMME CULTUREL

THÉÂTRE
Salle Jean Vilar
Carmen
15 h 30 et 20 h 30

HÔTEL DE VILLE
Soirée danse moderne
de 22 h à 1 h du matin

GYMNASE NOAH
Finale de volley-ball
Nantes-Lyon
21 h

LA GRANDE HALLE
À partir de 19 h,
festival des musiques actuelles

MARCHÉ DE LA RÉGION
Place de l'Hôtel de ville
De 20 h à minuit

Lisez et répondez aux questions.

1. Vous aimez écouter des groupes de musique.
   Vous choisissez quel lieu ? . . . . 1 point

2. Vous voulez acheter des souvenirs.
   Qu'est-ce que vous pouvez faire ? . . . . 1 point

3. Ce soir, vous pouvez aller danser jusqu'à quelle
   heure ? . . . . 1 point

4. Vos amis veulent sortir à 21 h 30.
   Vous pouvez aller : . . . . 2 points
   a. au théâtre.
   b. à l'hôtel de ville.
   c. au Gymnase Noah.

5. À quelle heure est-il possible de voir
   une rencontre sportive ? . . . . 1 point

Activité 4 — 7 points

Objectif : lire pour s'informer

La famille est à la mode !

En France, 6 millions de personnes cherchent à connaître l'histoire de leur famille. 1 500 sites Internet proposent des services pour retrouver toutes les personnes avec le même nom de famille. C'est pratique, on échange des informations, des adresses et c'est gratuit. Mais la recherche peut durer des mois ou des années. Dans chaque mairie de France, on peut aussi demander de lire les formulaires de naissance des habitants. Les grands-parents, les petits-enfants, tout le monde rêve de trouver une personne célèbre dans sa famille !

Lisez l'article et répondez aux questions.

1. Cet article : . . . . 1 point
   a. fait des propositions.
   b. raconte des événements.
   c. donne des informations.

2. Ce document parle de : . . . . 1 point
   a. l'histoire.
   b. de la mode.
   c. de la famille.

3. On utilise Internet pour faire quoi ? . . . . 2 points

4. À la mairie, qu'est-ce que je peux demander ? . 1 point

A	B	C
☐	☐	☐

5. Que cherchent les 6 millions de personnes ? . . . . 2 points

PRODUCTION ÉCRITE   30 minutes

Activité 1   10 points

Objectif : compléter un formulaire

Répondez à une enquête sur vos activités.   1 point par réponse correcte

Âge : …
Ville : …
Pays : …
1 activité préférée du week-end : …
1 sport pratiqué : …
La rubrique préférée du journal : …

Le soir, vous sortez pour faire quoi ? …
Vous donnez votre opinion sur :
Le cinéma : …
L'ordinateur : …
La musique classique : …

Merci pour vos réponses.

Activité 2   15 points

Objectif : rédiger un message simple (40 à 50 mots)

Vous êtes en vacances dans votre famille. Vous envoyez une carte postale à un(e) ami(e). Vous racontez votre journée quotidienne, vous parlez des personnes de la famille et des activités que vous faites ensemble.

PRODUCTION ORALE   5 à 7 minutes

Activité 1 : Entretien dirigé

Objectif : parler de soi

Répondez aux questions.

- Comment vous vous appelez ? Votre nom, comment ça s'écrit ?

- Parlez-moi de votre famille. Où ils habitent ? Qu'est-ce qu'ils font ? Qu'est-ce que vous faites le week-end ?

- Décrivez votre appartement, votre maison…

Activité 2 : Échange d'informations

Objectif : poser des questions

Vous posez des questions à l'examinateur à partir de 4 ou 5 mots-clés.

| Vêtement ? | Chambre ? | Frère et sœur ? | Plat ? | Musée ? | Soirée ? |

Activité 3 : Dialogue simulé

Objectif : acheter à la pharmacie ou réserver un spectacle

1. **Vous êtes à la pharmacie. Vous expliquez votre problème. Vous choisissez des médicaments. Vous payez. Vous jouez la scène avec l'examinateur.**

2. **Vous êtes au guichet d'une salle de spectacle. Vous vous informez sur le programme. Vous réservez des places. Vous jouez la scène avec l'examinateur.**

Jour 7

A1+

Rendez-vous 1

à découvrir
- Réserver un billet de train
- Communiquer au téléphone

à savoir, à prononcer
- Le passé composé (1)
- Le pronom *y* (lieu)
- La négation *ne ... plus*
- Les sons [s] et [z]

à faire
Préparer un voyage

Rendez-vous 2

à découvrir
- Exprimer sa colère et s'excuser
- Raconter des événements passés

à savoir, à prononcer
- Le passé composé (2)
- Le pronom relatif *qui*
- La structure du discours
- L'élision et la chute du [ə]

à faire
Participer au concours « Chansons du monde »

Culture Vidéo

Montpellier

09:00

10:00

11:00

12:0

13:00

14:00

15:00

LE MONDE EST À MOI

16:00

17:00 Rendez-vous 2 .
Fête de la musique

18:00

19:00

20:00

21:00

22:00

23:00

1

DE	
PARIS GARE MONTPARNASSE	
DESTINATION	
BREST	
Durée 04 h 30 2ᵉ classe 75.00 € Aller simple Voyageur : 1	Départ : à 7 h 00
	Arrivée : à 11 h 30

2

PARIS GARE MONTPARNASSE	
DESTINATION	
BREST	
Durée 04 h 46 1ʳᵉ classe 105.00 € Aller simple Voyageur : 1	Départ : à 8 h 00
	Arrivée : à 12 h 46

3

DE	
PARIS GARE MONTPARNASSE	
DESTINATION	
BREST	
Durée 04 h 30 1ʳᵉ classe 85.00 € Aller simple Voyageur : 1	Départ : à 7 h 00
	Arrivée : à 11 h 30

Un voyageur : Allô ! Bonjour. Je voudrais parler à un responsable des réservations, s'il vous plaît.

L'employée SNCF : Oui, bonjour monsieur. Nathalie, à votre service.

Un voyageur : Bien, je voudrais aller à Brest demain matin. J'ai trouvé des billets sur le site Internet mais je veux vérifier les horaires.

L'employée SNCF : Bien sûr monsieur, ne quittez pas… Bon, vous partez de Paris ? Un aller-simple ?

Un voyageur : Oui, de Paris et je veux partir le matin tôt. J'y suis allé la semaine dernière avec le train de 8 heures.

L'employée SNCF : Ah ! Un instant… Désolée mais il n'y a plus de places en seconde classe. Attendez un moment… Ah ! Et en première classe… Non, il n'y a plus de places dans ce train ! Vous voulez partir le matin, c'est ça ?

Un voyageur : Oui, j'y vais pour le travail.

L'employée SNCF : Un moment, s'il vous plaît… Voilà : il y a un train direct avec des places, départ de la gare Montparnasse à 7 h 00 pour Brest.

Un voyageur : Ah, très bien, merci. Je vais y arriver à quelle heure ?

L'employée SNCF : Arrivée à Brest à 11 h 30.

Un voyageur : C'est combien l'aller simple ?

L'employée SNCF : En seconde classe 75 euros et 85 euros en première, monsieur.

Un voyageur : Bon, je vais acheter mon billet en première classe sur Internet. Merci beaucoup.

RÉSERVER UN BILLET DE TRAIN

1

J'observe le document et je choisis la bonne réponse.

a. Le document est :
- ☐ une publicité pour des voyages.
- ☐ une proposition de billets de train.
- ☐ des informations techniques sur les gares.

b. Les horaires sont pour :
- ☐ le matin.
- ☐ l'après-midi.
- ☐ le soir.

c. Il y a :
- ☐ 1
- ☐ 2
- ☐ 3
classes dans les trains.

d. La gare d'arrivée est :
- ☐ Montparnasse.
- ☐ Brest.
- ☐ Toulouse.

2  **> Piste 2** DVD Rom

J'écoute le dialogue et je dis si c'est vrai ou faux.

a. Le voyageur veut aller à Brest aujourd'hui.

b. Il va à Brest pour son travail.

c. Il voyage en seconde classe.

d. Le billet coûte 85 euros.

3 **> Piste 2** DVD Rom

J'écoute encore le dialogue et je choisis le bon billet.

4

Je complète comme dans l'exemple.

Voyager → *un voyage, un voyageur*

a. ... ← un départ
b. arriver → ...
c. visiter → ...
d. ... ← un changement

Les nombres ordinaux

Première ou seconde classe ?
Moi, je voyage toujours en première !

On utilise les nombres ordinaux pour indiquer un ordre de classement.

L'équipe de France a fini cinquième !
1er = premier, 2e = deuxième,
3e = troisième…

Attention ! *Deuxième* → *seconde / neuf* → *neuvième*

---

5 **> Piste 3**

J'écoute et j'associe.

a. Premier
b. Deuxième
c. Troisième
d. Quatrième
e. Cinquième

1. Javier Torzon
2. Dimitri Kasparov
3. Bertrand Carton
4. Alexandro Parja
5. Pierre Balque

COMMUNIQUER AU TÉLÉPHONE

Combrit (29120)

Pour vos vacances écologiques

Au milieu de la nature et du calme, Vincent Fournier vous attend dans sa ferme. Vous aimez vous promener dans la nature sur des petits chemins ou découvrir la vie des animaux de la ferme avec des poules et des vaches ? Notre ferme est pour vous !
Vous pouvez lire, dessiner, marcher…
Et au bout du chemin : la mer et une belle plage.

La Forêt Fouesnant (29940)

Vous aimez le calme et la tranquillité, vous allez aimer nos chambres.

Le gîte se trouve à côté de la forêt. Les chambres sont confortables avec une terrasse privée et une connexion wifi.

Le jardin permet de profiter de la nature.
Et surtout beaucoup d'activités sportives sont disponibles.
Nos propositions d'activités : tennis, volley-ball, jogging, piscine, vélo tout terrain, golf à 5 minutes…

---

6 **> Piste 4**

J'écoute le dialogue et je complète avec les expressions utilisées au téléphone.

On peut dire :

a. pour faire attendre une personne	– Un instant. – ... – Ne quittez pas.
b. pour demander son nom à une personne	– C'est de la part de qui ? – ...
c. pour demander une personne	– Est-ce que M. X est là ? – ...

7

Je lis les deux documents et, avec mon voisin, on choisit le gîte ou la ferme. On joue la scène au téléphone entre le responsable du lieu et monsieur Kovaltchik.

8

Pour mes vacances, je choisis l'autre gîte et je donne trois raisons.

Je choisis… parce que…

9

J'appelle deux hôtels pour réserver une chambre. L'un n'a plus de place, l'autre a des chambres disponibles. On joue la scène.

Grammaire

Le passé composé (1)

Le week-end dernier, je suis allé à la campagne ! J'ai fait du vélo. Nous nous sommes promenés dans la nature. On a mangé dans un bon restaurant. J'ai adoré !

• On utilise le passé composé pour raconter des actions précises au passé.

• **Formation :** « être » ou « avoir » au présent + participe passé = passé composé

• 14 verbes forment leur passé composé avec **« être »** : *arriver, aller, venir, partir, rester, retourner, entrer, sortir, monter, descendre, tomber, naître, mourir, devenir* et les verbes pronominaux (« se … »). Tous les autres verbes forment leur passé composé avec **« avoir »**.

Attention !
Le participe passé des verbes en « -er » se termine toujours par « é ».
arriver → arrivé ; manger → mangé ; se coucher → couché
Il est arrivé, il a mangé et il s'est couché.

Attention !
prendre → pris ; partir → parti ; attendre → attendu

1.

Je lis le texte. Je trouve les verbes au passé composé et j'écris l'infinitif des verbes dans le tableau.

L'été dernier, je suis allé en vacances à Toulouse avec mon père. J'ai préparé mes affaires mais malheureusement j'ai oublié mon billet de train.
Le matin, nous avons pris un taxi pour la gare.
J'ai cherché mon billet, je n'ai pas trouvé. Alors, je suis reparti chez moi, je suis revenu et j'ai pris un autre train.
Mon père est arrivé avant moi, il s'est promené et il m'a attendu à l'hôtel. Quelle journée !

a. Avec *être*	b. Avec *avoir*
…	…

2.

J'écris une histoire avec cinq verbes au passé composé.

La semaine dernière…

3.

Jeu de l'histoire.

Le pronom « y » (lieu)

– *Tu habites à Paris ?*
– *Oui, j'y habite.*
– *Elle va au cinéma ?*
– *Non, elle n'y va pas.*
– *Vous êtes allé en France et en Italie ?*
– *Oui, j'y suis allé.*

• On utilise le pronom **« y »** pour remplacer les **compléments de lieu ou de destination** (masculin ou féminin, singulier ou pluriel).
• **Le pronom complément « y » se place avant le verbe.**
Au club de sports ? J'y vais tous les jours !
• Avec la négation, « y » reste devant le verbe.
Moi, je n'y vais pas tous les jours !

Attention !
– À l'impératif, il se place après le verbe : *Allons-y !*
– Au passé composé, il se place avant « être » et « avoir » : *Nous y sommes allés.*

4.

Je réponds avec y.
Elle habite à Paris ? → *Oui, elle y habite.*
a. Vous vous promenez souvent sur la plage ?
Oui, …
b. Il est allé sur l'île la semaine dernière ?
Non, …
c. Tu vas à la piscine demain ?
Oui, …
d. Elle a voyagé en Amérique du Sud cette année ?
Non, …

5.

Je prépare cinq phrases avec un complément de lieu. Mon voisin transforme les phrases avec y.

La négation « ne ... plus »

– Tu fais toujours du basket ?
– Non, je *ne* fais *plus* de basket, je joue au volley !

• **On utilise la négation « ne ... plus » pour parler d'une action ou d'une idée terminée.**
– Ils veulent toujours manger au restaurant ce soir ?
– Non, ils *ne* veulent *plus*.

Attention !
Avec la négation, « un », « une », « des » changent.
– Il y a *un* match de foot ce soir ?
– Non, il *n'y a plus de* match.

6.

Je fais des phrases et j'utilise *ne ... plus*. Je fais comme dans l'exemple.

se promener avec ses amis ➔ *Il ne se promène plus avec ses amis.*

a. danser
b. jouer au football
c. courir le dimanche matin
d. écrire des poèmes
e. lire des livres

7.

Je réponds aux questions avec la négation *ne ... plus*.

a. Tu vas toujours en France pour les vacances ?
b. Elle veut faire les courses aujourd'hui ?
c. Nous partons toujours au Japon ce week-end ?
d. Vous aimez toujours les films d'action ?

Les sons [s] – [z]

Pour écrire les sons [s] - [z], on utilise plusieurs lettres. Voici quelques exemples :

[s] ➔ « s » (+ consonne ou entre une voyelle et une consonne) – « ss » – « c » – « ç » – « sc »
espace – classe – place – cinéma – français – garçon – reçu – piscine

[z] ➔ « s » (entre deux voyelles graphiques) – « z » – « x »
visite – douze – vous êtes – deux enfants – deuxième

1.  **> Piste 5** DVD Rom

J'écoute les mots et je note si j'entends le même mot ou deux mots différents.

	Le même mot	Deux mots différents
douce – douze		✓

2. **> Piste 6** DVD Rom

J'écoute les phrases, je souligne le son [s] et je répète les phrases.

a. J'ai deux places pour le concert de ce soir. C'est super, non ?
b. La SNCF annonce un retard de cinq minutes pour le train de sept heures.
c. Cette semaine, les cinémas de Brest sont tous fermés à cause des travaux.
d. C'est possible de voir le spectacle assis sur la terrasse de ce restaurant.

3.  **> Piste 7** DVD Rom

J'écoute les phrases, je souligne le son [z] et je répète les phrases.

a. Tu n'aimes pas la musique de la chanteuse Zazie ? Moi, j'adore !
b. Mes amis organisent leur deuxième exposition sur la vie de Balzac.
c. Isabelle aime les roses anglaises, la poésie chinoise et la musique classique.
d. J'ai visité un zoo bizarre : j'ai vu douze zèbres allongés sur le gazon.

4.  **> Piste 8** DVD Rom

J'écoute et je joue ces dialogues avec mon voisin.

a. – Tu sais où sont Sylvain et Sabrina ? **Ils sont** ici ?
– Non, **ils sont** à Brest, parce qu'**ils ont** des amis là-bas.
b. – **Vous savez** où est le musée des Beaux-Arts ?
– Oui, **vous avez** une petite place là, et le musée est en face.
c. – **Vous avez** des cours samedi matin !
– Oui et **vous savez** aussi que **nous avons** des examens ?
d. – Que fais-tu à **deux heures** ?
– Je vais faire les magasins avec mes **deux sœurs**.

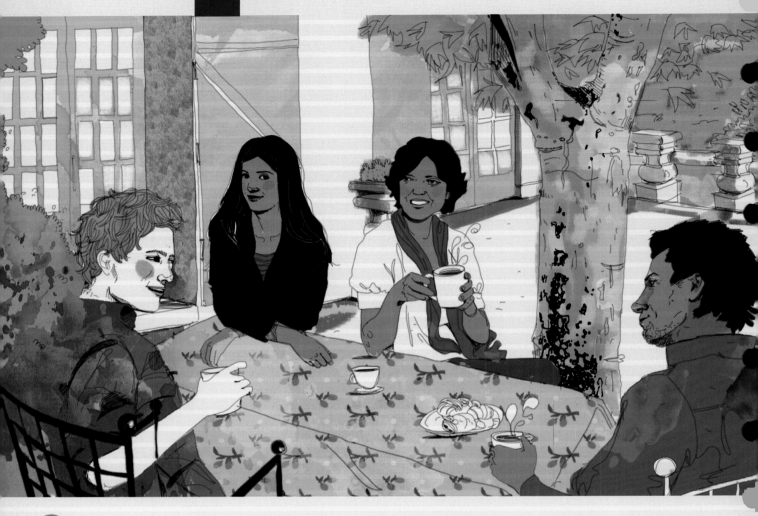

➡ **Partir en week-end**

1 **> Piste 9** DVD Rom

**J'écoute le message de Nora.
Je note les informations.**

Heure et gare de départ : . . .

Gare d'arrivée : . . .

Je dois écrire un message à Nora pour . . .

2 **> Piste 10** DVD Rom

À la gare, j'écoute une annonce. Je note le numéro du train et l'horaire d'arrivée.

3

Je suis dans le train. J'écris un message à Nora pour raconter ma journée d'hier et pour donner mon heure d'arrivée.

Nora

Salut Nora
...

Arles

1 Rendez-vous

➡ *Faire un programme touristique*

Arles, aux couleurs de la Camargue...

Blanc comme histoire :
Région habitée par les Celtes et les Grecs, Arles devient romaine avec Jules César en 46 av. J.-C.
À voir, à visiter : Église Saint-Honorat, Amphithéâtre, Abbaye de Montmajour, musée d'Arles et de la Provence antique...

Vert comme nature :
Il y a trois espaces naturels importants : le Parc Naturel régional de Camargue ; les Alpilles (pays de l'olivier et de l'huile d'olive) et la Crau (importante variétés d'oiseaux).

Jaune comme lumière :
Vincent Van Gogh (1853-1890), peintre hollandais, y réalise plus de 600 peintures et dessins.
Pablo Picasso (1881-1973), peintre, aimait venir peindre à Arles.

Rouge comme vie :
Les Rencontres d'Arles : rencontres internationales de la photographie. Foire aux plantes fin mars. Foire commerciale « Arlexpo » en mai. Festival d'Arles en juillet : théâtre, musique, tauromachie. Grande Féria de Pâques. Activités conseillées : vélo, promenades sur les chemins de Camargue. Et sur les plages : volley-ball, surf, voile, canoë.

4

En petits groupes, on choisit dans le dépliant nos activités préférées pour chaque centre d'intérêt.

Circuit touristique dans la région d'Arles :
a. Culture (histoire, arts et traditions) : ...
b. Architecture (châteaux, églises, monuments historiques) : ...
c. Nature (espaces naturels, paysages, fermes et animaux) : ...
d. Loisirs (spectacles et activités sportives) : ...

5

En petits groupes, on discute du programme pour le week-end. On organise nos activités.

6

J'appelle un centre sportif pour réserver des activités. Je laisse un message avec les informations nécessaires (téléphone, horaires, nombre de personnes, activités...).

- Allô ? Bonjour...
- ...

7  > **Piste 11** DVD Rom

La mère de Nora raconte son histoire. Je prends des notes pour écrire dans mon journal de voyage.

> Arrivée dans la région : ...
> Prénoms des enfants : ...
> Nouveau projet : ...
> ...

Préparer un voyage

Étape 1 : En petits groupes, on choisit un voyage.
— Pays, région, participants...
— Dates, saison...

Étape 2 : On décrit le voyage et les différentes activités.
— Lieux visités : ...
— Activités sportives et culturelles : ...

Étape 3 : On propose notre voyage aux étudiants de la classe.

Étape 4 : Pour chaque voyage, on note combien d'étudiants veulent participer et on choisit le voyage le plus populaire.

➡

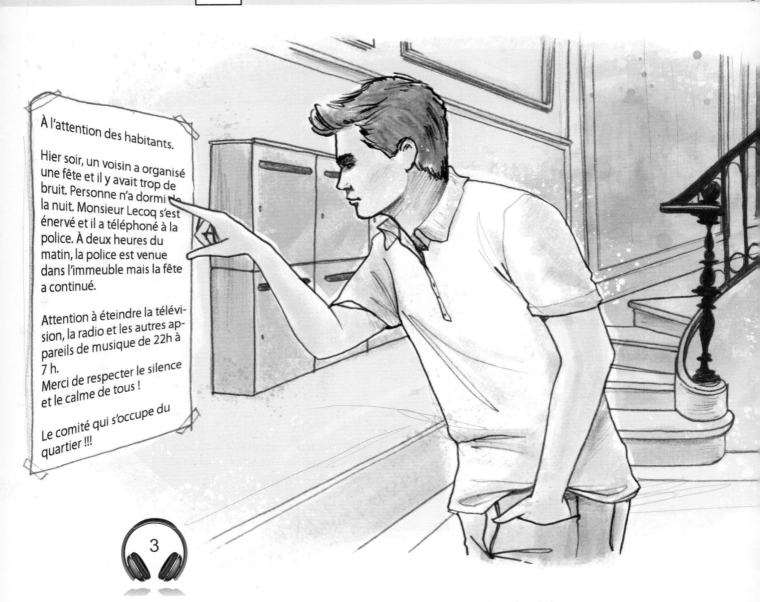

> **À l'attention des habitants.**
>
> Hier soir, un voisin a organisé une fête et il y avait trop de bruit. Personne n'a dormi de la nuit. Monsieur Lecoq s'est énervé et il a téléphoné à la police. À deux heures du matin, la police est venue dans l'immeuble mais la fête a continué.
>
> Attention à éteindre la télévision, la radio et les autres appareils de musique de 22h à 7 h.
> Merci de respecter le silence et le calme de tous !
>
> Le comité qui s'occupe du quartier !!!

Une femme : Hep, jeune homme, vous avez vu l'affiche ? Plus de musique le soir !

Un jeune homme : Je voudrais bien répéter les chansons pour le concert, avec mon groupe de jazz. Ça vous dérange si je joue de la guitare ?

Une femme : Oui, je veux du silence ! Mozart et Chopin, vous connaissez ? Moi aussi, j'ai joué du piano dans ma jeunesse mais dans la journée, pas la nuit ! C'est le comité du quartier qui a raison…

Un jeune homme : Ça ne va pas, non ? Et vous, quand vous avez mis la télévision, hier à 7 heures du matin ? Et puis, c'est la Fête de la musique aujourd'hui !

Une femme : Alors là, non ! C'est trop ! Arrêtez ou… ou… Si ça continue, j'appelle la police !

Un jeune homme : C'est bon, calmez-vous, madame. Ce n'est pas bien d'être énervée à votre âge. Je regrette. C'est promis, je baisse la musique… demain !

EXPRIMER SA COLÈRE ET S'EXCUSER

 ① > *Piste 12* DVD Rom

J'écoute le dialogue et je réponds aux questions.

a. Qui aime regarder la télévision ?
b. Qui joue de la guitare ?
du piano ?
c. Qui est en colère ?
Qui s'excuse ?

> **Pour avoir le silence**
> *Chut ! Écoute cette chanson.*
> *Taisez-vous.*
> *Du calme.*
> *Silence !*

② > *Piste 13* DVD Rom

J'écoute encore et je classe les expressions.

a. Je regrette.
b. Ça ne va pas, non ?
c. Arrêtez ou je …

la personne s'excuse	la personne s'énerve
…	*Alors là, non !*

③

Je lis l'affiche et je trouve :

a. une expression pour exprimer la colère ;
b. deux expressions pour dire ce qu'il faut faire.

> **S'excuser**
> *Pardon.*
> *Je regrette.*
> *Excusez-moi. / Excuse-moi.*
> *Je suis désolé(e).*

④

a. **Je lis et je remets le dialogue dans l'ordre.**

– Je suis désolé pour cette attente. Il y a encore une place pour le concert de Zaz, si vous voulez.
– C'est bon, calmez-vous, madame. Vous allez écouter le concert à la radio.
– C'est pas possible, ça. J'attends depuis deux heures.
– Bonjour madame, il n'y a plus de place pour le festival.
– Ça ne va pas, non ? Je voulais aller au festival.

b. **Je joue la scène avec mon voisin.**

RACONTER DES ÉVÉNEMENTS PASSÉS

⑤

Je choisis une photo et je raconte l'événement.

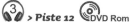

> **Raconter au passé**
> *hier soir*
> *à deux heures du matin*
> *de 22 h à 7 h*
> *la semaine dernière*
> *le mois dernier*
> *l'an passé*
> *le week-end passé*

⑥

Je lis encore l'affiche et je note l'ordre des événements (1 – 2 – 3 – 4).

– La police arrive.
– Il y a une fête dans l'immeuble.
– M. Lecoq téléphone.
– M. Lecoq s'énerve.

⑦

Je raconte l'histoire d'un groupe de musiciens. J'utilise les événements :

– Le groupe se forme.
– Il répète.
– Il joue pour la Fête de la musique.
– Il se sépare.

⑧

Je raconte une fête à mon voisin.

⑨

Jeu du souvenir.

Grammaire

Le passé composé (2)

Hier, avec les copines, nous sommes allées à la Fête de la musique, nous avons vu un groupe de rap et nous n'avons pas dormi de la nuit.

• On utilise le passé composé pour **raconter des événements passés**.
• Les trois étapes pour conjuguer correctement un verbe au passé composé sont :
– on lit le verbe et on choisit : « être » ou « avoir » ;
– on observe le sujet et on conjugue « être » ou « avoir » au présent ;
– on met le verbe au participe passé.

Attention !
Avec « être », on accorde le participe passé avec le sujet.
Elle est allée à la fête avec ses amies et elles sont rentrées tard.
Mais souvent quand on parle, on n'entend pas les accords.

• La négation « ne … pas » entoure les verbes « être » ou « avoir ».
Nous ne sommes pas sortis et elles n'ont pas dansé hier soir.

1.

C'était le 21 juin. Je raconte la soirée de Martine.

2.

Je mets les mots dans l'ordre.

a. Martine – tard. – pas – rentrée – n'est
b. Léon – la – a – nuit. – dansé – toute
c. Martine – n' – aimé – a – musique. – pas – la
d. Léon – concert. – adoré – a – le
e. Martine – s' – dans – promenée – rues. – ne – les – est – pas

3.

Moi aussi, j'étais au concert hier. J'écris un message pour raconter ma soirée à Élisa et Zohra.

Le pronom relatif « qui »

Elle a adoré le groupe qui a joué hier soir.
Elle va chez son frère qui a organisé une fête.

• On utilise le pronom relatif **pour éviter de répéter un élément commun à deux phrases**.
• On utilise « qui » pour ne pas répéter le sujet du verbe de la deuxième phrase.
Ce groupe joue une chanson. La chanson est connue.
→ *Ce groupe joue une chanson qui est connue.*

4.

Dans ce dialogue, je trouve le sujet des verbes soulignés.

– Toi, tu connais le chanteur du groupe qui joue cette chanson ?
– Non, mais le guitariste qui a joué au dernier concert est le frère de ma voisine.

5. ✎

Je transforme ces deux phrases en une phrase avec qui.

J'ai une amie. Cette amie s'appelle Koxie.
→ *J'ai une amie qui s'appelle Koxie.*

a. J'ai une amie. Cette amie est chanteuse dans un groupe de rap.
b. Koxie a écrit une chanson. Cette chanson parle des jeunes d'aujourd'hui.
c. C'est une chanson. Cette chanson est géniale.
d. J'ai acheté un disque de Luis Mariano. Ce disque est un succès.

Fête de la musique

2 | Rendez-vous

jour **7**

La structure du discours

Je viens avec Manuel, Clara et Marc à la fête mais *Manon reste à la maison.*
Et toi, tu viens ou *tu restes à la maison ?*

• Pour donner différentes informations dans une seule phrase, on utilise :
– « et » pour ajouter une dernière information dans une liste ;
– « ou » pour proposer un choix ;
– « mais » pour opposer deux choses.

Attention à la ponctuation !

Dans une liste, la virgule remplace « et ».
J'aime le jazz, le rock et *la musique classique.*

6.

Je mets les mots dans l'ordre.

a. Maël – avec – allée – concert – au – Axel ? – ou – es – avec – Tu

b. rock – années – des – joué – 80 – Ils – et – tubes – du – ont – des – vieux – années – 60. – des

c. sympa – n'aime – le – je – mais – L'ambiance – pas – était – chanteur.

7.

Je lis les messages et je complète avec et, ou, mais.

> **Martine**
>
> Salut, Tu es venu hier soir ... tu avais trop de travail ? Moi, je suis allée au concert ... je ne suis pas restée. Je n'ai pas aimé la musique. ... toi ?
>
> Ah bon ? ... pourquoi ? Moi, j'ai adoré la musique ... j'ai dansé toute la nuit. ... tu étais où ? Pourquoi je ne t'ai pas vue ? ... tu es restée très peu ... tu étais cachée ! ... tu fais quoi ce soir ?
> Léon

8.

J'écris une phrase longue : j'utilise et, ou, mais.

Hier, Luisa est allée à l'anniversaire de Luis avec Paul et Clara mais Laurent est resté à la maison.

a. Hier, Christiane est allée …

b. Madame, vous avez vu … ?

c. Je suis sorti …

Phonétique

L'élision et la chute du [ə]

• On supprime la voyelle finale de certains mots (« le », « la », « je », « ne »…) quand le mot suivant commence par une voyelle. C'est **l'élision**.
• À l'oral, la lettre « e » n'est pas toujours prononcée en français familier.

---

1.  **> Piste 14** DVD Rom

J'écoute et je répète les mots suivants.

a. **La** musique – **L'**affiche

b. **Le** logement – **L'**immeuble

c. **Je** regarde – **J'**aime

d. Je **ne** suis pas – Je **n'**ai pas

e. Pas **de** photos – Pas **d'**images

f. Je **me** promène – Je **m'**amuse

g. Tu **te** lèves – Tu **t'**appelles

h. Elle **se** promène – Elle **s'**est promenée

---

2.  **> Piste 15** DVD Rom

J'écoute et je répète ces phrases.

En français standard (À l'oral – situation formelle)	En français familier (À l'oral – situation informelle)
a. La semaine prochaine	La s'maine prochaine
b. Au revoir et à demain !	Au r'voir et à d'main !
c. Un petit peu de lait	Un p'tit peu d'lait
d. Je ne veux pas.	Je n'veux pas.
	ou J'veux pas. [ʒvøpa]
e. Je ne sais pas.	Je n'sais pas.
	ou J'sais pas. [ʃɛpa]
f. Je peux le faire.	J' peux l'faire. [ʃpølfɛr]

---

3. **> Piste 16** DVD Rom

J'écoute et je joue ces mini-dialogues avec mon voisin.

a. – Tu peux venir samedi ?
   – Non, je ne peux pas.

b. – Tu veux un petit café ?
   – Non, je n'ai pas le temps.

c. – Vous venez ce soir ?
   – Non, on ne vient pas.

d. – Qu'est-ce que tu fais maintenant ?
   – Je ne sais pas encore.

e. – Tu vas demander quelque chose ?
   – Je ne peux pas te le dire.

C'est la Fête de la musique !

Le 21 juin 1982, des musiciens professionnels et des amateurs se sont installés sur un trottoir ou sur une scène, dans un bar ou dans une salle de spectacle pour des concerts gratuits.
La Fête de la musique est un événement culturel très important en France et à l'étranger : aujourd'hui, plus de 100 pays célèbrent la Fête de la musique de la tour Eiffel aux plages de Tahiti !

➡ *Parler des genres de musique*

① 🎧 **> Piste 17** 💿 DVD Rom

Sur la place, Mélis et Paul parlent de la Fête de la musique. J'écoute et je réponds aux questions.

a. Où étaient Mélis et Paul l'année dernière ?
b. Quels genres de musique aiment-ils ?

② ✏

a. Je complète la liste avec d'autres genres de musique.

Musique classique, rock...

b. Avec la classe, on fait des statistiques pour connaître les genres de musique préférés des étudiants.

Fête de la musique

2 | Rendez-vous

 ## S'énerver...

3 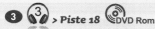 > *Piste 18* DVD Rom

J'écoute le patron du café et je note les problèmes.

4

**Je parle avec le patron du café pour calmer sa colère
et je raconte l'organisation du concert de l'année dernière.**

5

J'écris un message à Nora pour raconter ma soirée à la Fête de la musique.

Participer au concours « Chansons du monde »

Étape 1 : Avec trois ou quatre étudiants de la classe, on forme un groupe musical : on choisit le genre de musique, les instruments, le pays et le nom du groupe.

Étape 2 : Chaque membre du groupe propose un titre pour une chanson sur le thème « ma vie avant, dans mon pays ». On n'est pas d'accord, on s'énerve. On joue la scène.

Étape 3 : On écrit les quatre premières phrases de la chanson. On affiche dans la classe le nom du groupe, le titre de la chanson et le texte.

Étape 4 : Chaque groupe présente son travail et chante la chanson. On vote pour élire le groupe et la chanson préférée de la classe (1 point pour le nom du groupe, 2 points pour le titre de la chanson, 3 points pour le texte, 4 points pour le chant).

1 Regardez et écoutez.

Qu'est-ce que c'est ?

Choisissez la bonne réponse.

Cette vidéo est :

☐ un reportage ?

☐ un spot de promotion touristique ?

☐ un film de vacances ?

Montpellier

Montpellier est la 8e ville la plus peuplée de France. En 30 ans, la population a été multipliée par 3, passant de 80 000 habitants en 1979 à 245 000 aujourd'hui.

Montpellier est célèbre pour son architecture, son université de médecine, ses anciennes ruelles, ses nombreuses boutiques et ses festivals.

---

2 Regardez.

Quels lieux ?

Retrouvez l'ordre des lieux vus dans la vidéo.

L'arc de triomphe

Le centre commercial Polygone

La ville au lever du soleil

L'aquarium Mare Nostrum

Le musée Fabre

Le parc zoologique

L'aqueduc Saint-Clément

L'Opéra-Comédie

---

3 Regardez.

Que montrent les images ?

Retrouvez les éléments suivants dans la vidéo et écrivez leurs noms avec les lettres proposées.

a. Un transport en commun : le WRATMAY

b. Un espace vert pour se promener : un CRAP

c. Un point d'eau public : une NETFONIA

d. Un endroit pour boire un verre : un FACÉ

e. Un édifice religieux : une THÉCHADAREL

f. Un espace dégagé entouré de monuments ou d'immeubles : une CALPE

Villes de France

La ville la plus peuplée de France est Paris avec 2 107 700 habitants. Mais Paris est aussi la ville où les logements sont les plus chers de France ! En France les prix changent en fonction de la proximité de la mer, de la chaleur… Voici le classement des villes où l'on vit le mieux selon dix critères (logement, éducation, économie…) : Nantes ; Toulouse ; Lyon ; Tours ; Rennes ; Strasbourg ; Aix-en-Provence ; Dijon ; Poitiers et Grenoble.

>> Et chez vous ?

4 Regardez.

Comment est cette ville ?

Associez une photo à un mot qui désigne Montpellier.

moderne

historique

culturelle

proche de la nature

dynamique

5 Orientez-vous.

Où suis-je ?

Regardez la carte page 12 et répondez aux questions suivantes.

a. Où est située Montpellier ?

b. Dans quelle région se trouve-t-elle ?

c. Près de quelle(s) autre(s) ville(s) ?

d. Est-elle près de la mer ?

6 Exprimez-vous.

Quelle carte postale ?

Choisissez une carte pour l'envoyer à vos amis (Elle représente ce que vous avez retenu de / préféré dans la ville). Racontez-leur votre semaine de vacances à Montpellier et proposez-leur de venir visiter cette ville avec vous au printemps.

Jour 8

A1+

08:00

09:00

Rendez-vous 1

10:00 **Changer de travail**

ÊTRE LIBRE

Rendez-vous 2
À l'expo

16:00

17:00

18:00

19:00

20:00

21:00

22:00

23:00

TÉLÉPROD
Paris

Demande de formation   12 décembre 2010

Responsable de service : Doris Thévard

IDENTITÉ DU DEMANDEUR

Nom – Prénom : MARCHAL François

Activités actuelles : Vente par téléphone – Conseils aux clients

Diplômes :
1998 Baccalauréat économique et social – Lycée Gutenberg (94)
2001 Licence Communication/Média – Université Paris 8

Expérience professionnelle :
Depuis 2003, Société TÉLÉPROD – Paris : Vente par téléphone

PROJET PROFESSIONNEL

Avoir un diplôme d'anglais commercial pour entrer au service international

Formations souhaitées (2 choix) :
1. Anglais professionnel
2. Techniques de communication

COMMENTAIRES DU/DE LA RESPONSABLE

F. Marchal est un collègue compétent et sympathique.
Son travail est de très bonne qualité.
Anglais commercial important pour notre service international.

Formation acceptée / ~~refusée~~

Choix n° 1 : Anglais professionnel

Signature du responsable
Date : le 8 janvier 2011

– Salut François, tu vas bien ?

– Bonjour Sonia. Alors, ton nouveau travail de vendeuse, comment ça va ?

– Oh, tu sais, mon travail est simple : j'apprends le nom des parfums, des crèmes et des produits, je conseille les clients. Bon, et toi, encore chez Téléprod ?

– Eh bien, 8 ans à travailler par téléphone, c'est beaucoup. C'est vrai, mes collègues sont très sympas mais l'activité économique n'est pas importante et j'ai peur du chômage.

– Pourquoi ?

– Écoute, aujourd'hui, 10 ans après mon diplôme de licence en communication et média, je voudrais apprendre, faire une formation, quoi ! Tu comprends ?

– C'est-à-dire… pas vraiment. Tu as un bon travail, tu as de l'argent. Et tu es malheureux parce que ton diplôme a 10 ans ?

– Non, ce n'est pas à cause de l'âge de mon diplôme ! C'est à cause du travail ! Quand j'étais étudiant, j'aimais le commerce et… les voyages. Maintenant, je travaille dans le commerce… par téléphone. Tu comprends ?

– Oui, bon. Téléprod propose des formations à ses employés ?

– Oui, et l'année dernière, je voulais étudier l'économie mais finalement, mon chef accepte ma demande de cours d'anglais parce qu'il connaît mon envie de travailler à l'international.

– Super, bon courage et à bientôt, j'espère !

PARLER DE SON TRAVAIL

1
Je lis le document et je réponds aux questions.

a. Ce document de la société Téléprod est :
  1. une publicité.
  2. une annonce d'emploi.
  3. un document administratif.

b. François Marchal travaille dans la :
  1. vente par téléphone.
  2. création de téléphones.
  3. vente de téléphones.

2
Je note les événements de la vie de François Marchal pour chaque date.

a. 1998 : …
b. 2001 : …
c. 2003 : …
d. 2011 : …

Les diplômes

le baccalauréat (= le bac)
la licence (= 3 ans après le bac)
le master (= 5 ans après le bac)
système européen LMD (licence, master, doctorat)

Le travail ≠ le chômage

une entreprise = une société
une expérience professionnelle
la formation initiale (l'école, l'université…) / la formation continue = les cours du soir

3 **> Piste 35** DVD Rom

a. J'écoute le dialogue et je choisis la photo de :

- François Marchal aujourd'hui ;
- François Marchal dans le futur.

1

2

b. Je note le projet de François Marchal.

4

J'écoute encore François Marchal. Avec mon voisin, j'explique pourquoi François Marchal fait une demande de cours d'anglais.

5 🖊

Je complète ma fiche de présentation.

> Diplômes : ...
> Date : ...
> Expériences professionnelles :
> Date : ...
> Lieu : ...
> Activités : ...

CARACTÉRISER UNE PERSONNE AU TRAVAIL

6

Je relis le document et je relève les mots positifs pour parler de François Marchal et de son travail.

7 🖊

J'écris à un ami et je présente deux collègues : un bon collègue et un mauvais collègue.

> **Caractériser des personnes au travail**
> intelligent(e) / stupide
> compétent(e) / incompétent(e)
> gentil(le) / méchant(e)
> bon(ne) / mauvais(e)
> sympathique
> courageux(euse)

8

Jeu du travail.

9 **> Piste 36**

J'écoute les personnes au Pôle emploi et j'associe la personne à sa profession d'avant.

> **Parler d'un événement passé**
> Avant, j'étais… / j'avais…
> Quand j'étais…

1

2

3

☒ à savoir
☒ à prononcer

Grammaire

L'imparfait

Avant, j'étais jeune et je n'avais pas d'argent.
Maintenant, je suis riche et... vieux !

- On utilise l'imparfait **pour parler d'une situation passée.**
Quand j'allais à l'université, j'étais content.

- **Formation** : 1ère personne du pluriel au présent + terminaisons de l'imparfait
    nous parl-~~ons~~ → je parl-ais
Terminaisons de l'imparfait

-ais	*je parlais*
-ais	*tu parlais*
-ait	*il / elle / on parlait*
-ions	*nous parlions*
-iez	*vous parliez*
-aient	*ils / elles parlaient*

- Imparfait du verbe « être » : j'étais, tu étais, il / elle / on était, nous étions, vous étiez, ils / elles étaient.

- On prononce [ɛ] les formes « -ais », « -ait », « -aient ».

1.

Je trouve les verbes à l'imparfait.
allait – avions – lait – chansons – questions – étions – travaillez – prochain – faisaient – été

2.

Je recherche deux collègues de mon premier travail et j'écris un message sur le forum « colleguesdavant ».

http://www.colleguesdavant.fr

> Bonjour,
Je recherche les collègues de mon premier travail. J'étais... J'avais... Une jeune femme travaillait... Et elle était...
Merci pour les réponses.

3.

Je prépare une enquête sur le travail dans la classe et j'écris cinq questions à l'imparfait. En petits groupes, on répond aux questions.

4.

Je réponds aux questions avec des phrases à l'imparfait.
a. Qu'est-ce que vous faisiez en 2000 ?
b. Quand vous étiez petit(e), vous aviez quel caractère ?
c. Comment s'appelaient vos copains ou copines d'avant ? Décrivez une personne choisie.
d. Quand vos parents ne travaillaient pas, ils faisaient quoi avec vous ?

« Parce que », « à cause de »

– *Pourquoi elle ne travaille pas aujourd'hui ?*
– *À cause de la pluie !*
– *Quoi ? Parce qu'il pleut ?...*

- On répond à la question « pourquoi ? » et **on exprime la cause** avec « parce que » ou « à cause de » :
– « Parce que » + phrase :
Paul ne vient pas parce qu'il est malade.
– « À cause de » + nom
On ne peut pas téléphoner à cause du bruit de la rue !

5.

Mes collègues sont absents. J'envoie un message au responsable et je donne la cause de l'absence.

Enfant malade – Christian

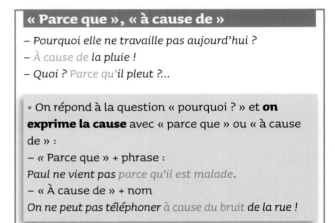

De : Moi
À : Responsable
Objet : Absence

Bonjour,
Christian est absent aujourd'hui parce que son enfant est malade...

Voiture en panne – Chen   Mariage du petit-fils – Yvette

Problème chez un client – Milena

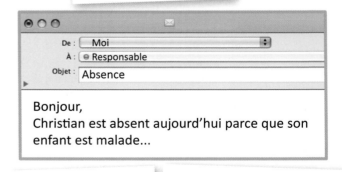

Phonétique

6.

Avec mon voisin, on écrit des questions avec *pourquoi*. On choisit un groupe de la classe et on pose les questions. Le groupe répond.

Les adjectifs possessifs

Les amis de vos *amis sont* nos *amis aussi !*

• On utilise les adjectifs possessifs **pour répondre à la question « à qui ? »**
– *À qui est le livre sur la table ? C'est* votre *livre ?*
– *Oui, il est à moi, c'est* mon *livre, merci !*

	un livre	une maison	des papiers
à moi	mon livre	ma maison	mes papiers
à toi	ton livre	ta maison	tes papiers
à lui / à elle	son livre	sa maison	ses papiers
à nous	notre livre	notre maison	nos papiers
à vous	votre livre	votre maison	vos papiers
à eux / à elles	leur livre	leur maison	leurs papiers

Attention !
Avec les mots féminins qui commencent par « a », « e », « i », « o », « u », « y » et « h », « ma », « ta », « sa » se transforment en « mon », « ton », « son ».
mon école / *ton* université / *son* activité

7.

J'écris les noms des personnes qui travaillent chez Technimarché.

M. Oglu est directeur commercial et ses deux assistants sont M. Cardo et Melle Filoute.
Leur directeur général s'appelle M. Frémond. Sa collègue s'appelle Mme Ventout, elle est directrice du personnel.

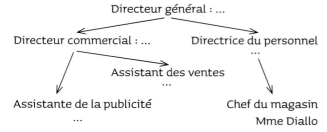

Directeur général : …

Directeur commercial : … Directrice du personnel …

Assistant des ventes …

Assistante de la publicité … Chef du magasin Mme Diallo

8.

Avec mon voisin, je présente les personnes qui travaillent à l'école ou dans mon entreprise. Les autres groupes dessinent l'organisation comme dans l'activité 7.

Les sons [e] et [ɛ]

Pour distinguer les sons [e] – [ɛ], je prononce :
[e] 😊 *télephon*er – *téléphon*ez – *téléphon*é
[ɛ] 😄 *j'aime – j'aim*ais – il aim*ait*

1. 🎧 **3** **> Piste 37** 💿 DVD Rom

J'écoute et je note dans le tableau si j'entends deux fois la même phrase ou deux phrases différentes.

	La même phrase	Deux phrases différentes
Il étudiait l'anglais. *Il a étudié l'anglais.*		✓

2. 🎧 **3** **> Piste 38** 💿 DVD Rom

J'écoute et je répète les phrases. J'observe les lettres utilisées pour écrire les sons [e] et [ɛ].
😊

a. J'ai **é**tudi**é** au lyc**ée et** à l'universit**é** à Ang**er**s.
b. Vous av**ez** d**é**cid**é** de t**é**léphon**er** à tous vos employ**és**.
c. La t**é**l**é**vision est un m**é**dia souvent utilis**é** pour la publicit**é**.
d. Il a pr**éfér**é report**er** son rend**ez**-vous en f**é**vri**er**.

😄

e. **E**lle s'appelle **È**ve et **e**lle **est** r**e**sponsable du service comm**e**rcial.
f. Marl**è**ne **ai**me f**ai**re la f**ê**te av**e**c s**e**s coll**è**gues.
g. À Compi**è**gne, il n**ei**ge en hiv**er**. C'est sup**er** !
h. Avant, **e**lle parl**ai**t trop et **e**lle ne sav**ai**t pas se t**ai**re. Elle av**ai**t des probl**è**mes.

➡️ # *Raconter sa vie au travail*

  > Piste 39 DVD Rom

J'écoute le message de Nora et je trouve son problème.

a. Problème avec ses collègues.
b. Problème avec ses horaires.
c. Problème avec son métier.

② ✏️

Moi aussi, j'ai un problème au travail. J'envoie un message à Nora et je raconte mon problème.

③ 💬

Au café, je rencontre Nora. Elle est avec une collègue et nous discutons de nos problèmes. En petits groupes, nous proposons des solutions.

④ 🔍

Nora a une demande de formation à remplir. J'aide Nora à compléter sa demande.

DEMANDE DE FORMATION

Racontez en deux ou trois phrases
vos expériences professionnelles.
....
....

Nom – Prénom : ...
Emploi actuel : ...
Demande de formation : ...
Commentaires personnels : ...

Date et signature

À retourner à votre responsable

Changer de travail

⊕ Décider de changer

5 ✎

Avec Nora, je regarde le site de l'entreprise de Paul. J'envoie un message à Paul pour expliquer le problème de Nora et demander son aide.

6 ③ > Piste 40 📀 DVD Rom

J'écoute le message et je réponds.

7 💬

Avec Nora, je rencontre Paul. Il raconte sa vie et nous posons des questions. Je joue la scène avec deux voisins.

MalongoServices.com

CONSEILS EN FORMATION PROFESSIONNELLE

http://www.malongoservices.com

TOUT QUITTER POUR CHANGER DE VIE

TÂCHE

Établir la carte des professions de la classe

Étape 1 : En petits groupes, on choisit deux professions et on donne les qualités de la personne pour chaque profession.

Étape 2 : Dans la classe, on affiche les professions choisies et les caractéristiques.

Étape 3 : En petits groupes, on associe un étudiant de la classe à une profession affichée.

Étape 4 : Chaque étudiant découvre la profession associée. Il explique pourquoi il est d'accord ou pas d'accord.

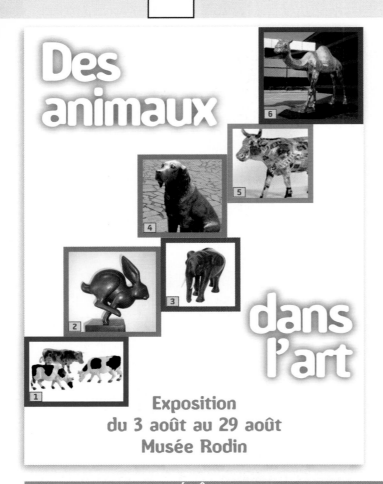

Des animaux dans l'art

**Exposition
du 3 août au 29 août
Musée Rodin**

3

Homme : Qu'est-ce que c'est que ça ?
Je ne comprends rien à tous ces objets !
Je les trouve inutiles ces animaux !
Des vaches et des éléphants ? Non mais,
c'est quoi ces sculptures !!! J'aime mieux
les expositions de photographies ou bien
visiter un musée avec des peintures
que je comprends…

Femme : Comment ? Tu n'aimes pas ?
Pas possible ! Moi, j'adore ces mélanges
de matières, les objets en fer et en verre
de toutes les couleurs. Et tu as vu la collection
sur les animaux sauvages ! Quel génie !…
Ah ! Voilà l'artiste… Viens, je la connais…
Voici l'artiste, Claude Lalanne.

Homme : Très heureux de faire votre connaissance.
Je vous remercie de l'invitation à l'exposition.
C'est un moment que j'attendais depuis longtemps.
Vous savez, je m'intéresse beaucoup à l'art
contemporain et je trouve votre travail tout à fait
formidable.

EXPRIMER SON INTÉRÊT

❶ **3** **> Piste 41** **DVD Rom**

J'écoute et je réponds aux questions.

a. C'est une exposition de :
  - peintures ?
  - photographies ?
  - sculptures ?
  - design ?
b. Que voit-on à l'exposition ?
c. Quelle est la profession de Claude Lalanne ?

❷

Avec mon voisin, on répond aux questions.

a. Quel est l'avis de l'homme avant l'arrivée de l'artiste ?
b. Qu'est-ce qui se passe quand l'artiste arrive ?

❸

À l'exposition, un ami me présente un artiste. On joue la scène à trois.

❹ ✏

Je choisis une exposition et j'écris des phrases pour donner mon opinion et mes préférences.

  – peintures
  – sculptures
  – design
  – photographies

Je dis mes préférences

J'aime mieux…
Je préfère … à …
Je m'intéresse à…

Je donne mon opinion

☺   ☹

bon   *mauvais*
génial   *nul*
formidable   *horrible*

❺

Voici les expressions de la surprise. Je trouve une situation pour utiliser toutes ces expressions. Je joue la scène avec mon voisin.

a. Quoi ?
b. Pardon ?
c. Ça alors !
d. Comment ?
e. Pas possible !
f. C'est pas vrai !

DÉCRIRE UN OBJET

6

**Avec mon voisin, on veut vendre
ces objets sur Internet.
On écrit des annonces.**

Courriel : ...
Titre de l'annonce : ...
Description de l'objet : ...
Prix : ...

*C'est un objet en **fer**, **carré** et **vert**.*

Matières	**Formes**
Papier	Carré
Bois	Rond
Verre	Plat
Fer	Rectangulaire

Couleurs

Noir / Blanc	Gris
Bleu	Vert
Jaune	Orange
Rouge	Rose

Ça sert à ... / C'est utile pour ...

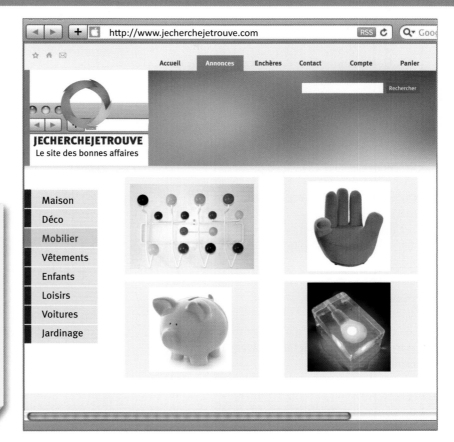

JECHERCHEJETROUVE
Le site des bonnes affaires

Accueil   Annonces   Enchères   Contact   Compte   Panier

Rechercher

Maison
Déco
Mobilier
Vêtements
Enfants
Loisirs
Voitures
Jardinage

http://www.jecherchejetrouve.com

7

**Avec mon voisin, on observe
la photo de l'objet.**

a. On trouve une utilisation
à l'objet.
b. On imagine un objet, on le
décrit et la classe trouve son
utilisation.

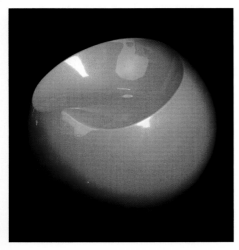

8

**On doit partir sur une île déserte
avec trois objets. Par groupe, on
présente les objets à la classe.**

9

**Je découvre les deux animaux
dans ce dessin.**

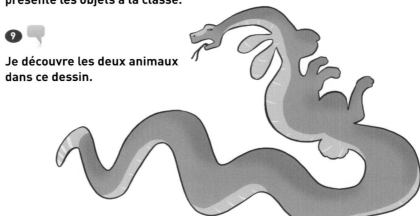

Grammaire

Les pronoms compléments d'objet direct

– *Elle le voit, il la voit !*
– *Marine et Nicolas ? Je les vois demain.*

• On utilise les pronoms pour ne pas répéter un élément de la phrase.
Il y a :
– **les pronoms personnels sujets** : *Marine connaît le photographe.* → *Elle connaît le photographe.*
– **les pronoms personnels compléments** : *Marine connaît le photographe.* → *Marine le connaît.*

• **Qu'est-ce qu'un complément d'objet direct (COD) ?**
C'est un mot ou un groupe de mots placé après le verbe, sans préposition.
Marine rencontre le photographe. → C'est un COD.
Marine dîne avec le photographe. → Ce n'est pas un COD.

• Les pronoms personnels compléments « le », « la », « les », « l' » se placent avant le verbe.
Marine le rencontre.

Attention !
À l'impératif, ils se placent après : *Invite-la !*

1.
Je lis le texte et je complète le tableau.
Marine et le photographe
Marine le rencontre à l'exposition. Il la remercie de sa visite. Il l'invite à dîner. Elle l'écoute parler. Elle aime ses photos, elle les achète toutes !

a. le	= Le photographe
b. la	= …
c. l'	= …
d. l'	= …
e. les	= …

2.
J'observe le tableau de l'activité 1 et j'écris la règle.
– Je remplace les mots masculins singuliers par le pronom personnel COD : le.
– Je remplace …

3.
Je complète les phrases.
Que fais-tu avec … ?
a. une télévision : *je la regarde.*
b. une radio : …
c. un journal : …
d. des amis : …
e. des poissons : …
f. des leçons : …

4.
Je choisis un animal et je fais une phrase.
Mon chien, je l'aime, je le promène et je le lave.

Le pronom relatif « que »

C'est le tableau que Mathieu veut acheter.

• On utilise le pronom relatif « que » pour éviter de répéter un élément commun à deux phrases.

• On utilise « que » pour ne pas répéter le COD.
Nous visitons le musée. Mathieu adore ce musée.
→ *Nous visitons le musée que Mathieu adore.*

5.
Je transforme les deux phrases en une phrase avec que.
Je regarde l'exposition d'un artiste. Je ne connais pas l'artiste.
→ *Je regarde l'exposition d'un artiste que je ne connais pas.*

a. À l'exposition, j'achète une photo. J'aime beaucoup cette photo.
b. C'est un tableau. Mon père aime bien ce tableau.
c. J'écoute un disque. Je viens d'acheter ce disque.

6.
Je parle de…
mon meilleur ami : C'est une personne que j'apprécie beaucoup.
a. mon professeur de français : …
b. une personne de ma famille : …
c. un voisin : …

L'exclamation avec « quel »

Quelle belle sculpture !
Quel beau tableau !

• Quand on veut exprimer un sentiment (la surprise, l'admiration, la joie…), on utilise « quel ».
Ces phrases se terminent par un point d'exclamation. ➔ « ! »

• On utilise « quel » en début de phrase et on l'accorde avec le nom qui suit.
– Masculin singulier : *Quel* tableau !
– Masculin pluriel : *Quels* tableaux !
– Féminin singulier : *Quelle* photo !
– Féminin pluriel : *Quelles* belles photos !

On peut aussi utiliser des mots familiers comme :
super ➔ *Super le chapeau !*
génial ➔ *Génial le chapeau !*

7.
Je fais des phrases avec les photos.
Quel joli cadeau !

8.
Je lis les phrases et je trouve la situation.
Je trouve d'autres exclamations.
Quelle belle chanson ! ➔ *un concert*

a. Quelles belles victoires !
b. Quel beau tableau !
c. Quelle catastrophe !

9.
J'écris un texto à un ami pour parler de ces situations. J'utilise *quel*.
a. J'ai une nouvelle voiture.
b. Je suis amoureux.

Phonétique

L'intonation expressive : l'expression des sentiments

1. > Piste 42 DVD Rom

J'écoute les phrases et je note si la personne qui parle est contente, surprise ou mécontente.

	Contente	Surprise	Mécontente
C'est vraiment incroyable, ces couleurs !	✓		

2. > Piste 43 DVD Rom

J'écoute et je répète ces phrases qui expriment la surprise.
a. Hélène ? Faire du sport ? Vraiment, tu es sûr ?
b. Ça alors ! Paul est revenu ! C'est incroyable !
c. Ah, mais ça alors, quelle surprise ? Toi ? Ici ?
d. De la neige en juin ? Non ! C'est pas vrai ! Je ne te crois pas !
e. C'est vraiment toi qui as peint ce tableau ? C'est pas possible !
f. Quoi ? Franck a déménagé ? Depuis quand ?

3. > Piste 44 DVD Rom

J'écoute et je joue ce dialogue avec mon voisin.
– Tu as vu le dernier film avec Audrey Tautou ?
– Oui, j'adore ! C'est un film vraiment génial !
– Alors là, je suis pas du tout d'accord avec toi ! C'est nul !
– Ah bon ? Tu n'aimes pas Audrey Tautou ?
– Si, si et je trouve même qu'elle est formidable en général !
– Mais alors, je comprends pas pourquoi tu n'aimes pas ce film ?
– Eh bien, je trouve que l'histoire est nulle et que les acteurs sont mauvais !
– Ah bon ? Moi, je trouve qu'ils sont bons et que les images sont superbes !

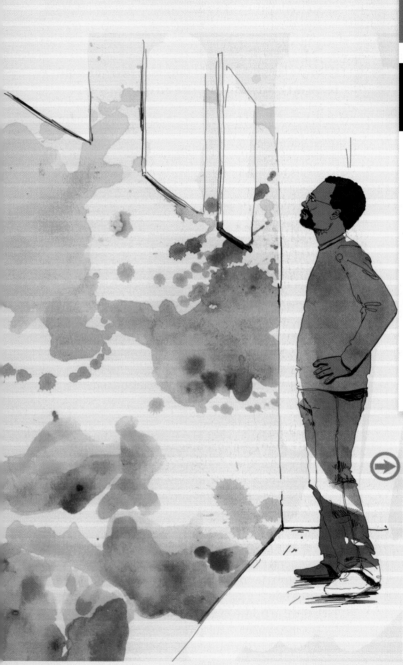

Nouveaux monstres

15 INSTALLATIONS LUDIQUES ET INTERACTIVES À DÉCOUVRIR EN FAMILLE

EXPOSITION ARTS NUMÉRIQUES

En exclusivité, France Cadet présente ses nouvelles créations.

PRÉSENTATION

···> L'exposition *Nouveaux Monstres* présente de nouveaux dispositifs sonores et visuels utilisés en art contemporain.

DATES ET LIEUX

···> Du 18 juin au 15 août à l'espace culturel Life à Saint-Nazaire. Ouverture en avant-première le 17 juin à 19 h 30.

➡ Aller voir une exposition

❶

Je lis la présentation de l'exposition et je note dans mon agenda :

a. le jour, l'heure et le lieu de l'avant-première.
b. le nom de l'artiste.

❷ **> Piste 45** DVD Rom

J'écoute le message de Paul et je lui réponds par texto.

> On utilise beaucoup les points d'exclamation dans les textos et sur les forums sur Internet.
> *Ahahaha !!! – Génial !!!! – J'arrive !!!!*

Rencontrer des robots, des animaux et des hommes

  > Piste 46 DVD Rom

J'écoute Paul.

a. Je note les actions de l'animal.
b. J'invente un autre animal et les actions qu'il peut faire.

> **Pour boire un verre et fêter un événement,**
> on dit : « porter un toast » ou « trinquer ».
> On peut dire : « Tchin ! »,
> « À votre santé ! » / « À ta santé ! »,
> « À la vôtre » / « À la tienne ».

4

Je choisis un objet. Je le décris à Nora par texto.

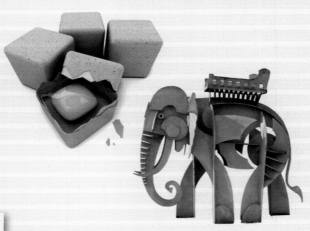

5

Nora arrive. Paul présente l'artiste à Nora. On joue la scène en petits groupes.

Créer le dépliant d'une exposition

Étape 1 : En petits groupes, on choisit un art (photographie, peinture, arts numériques...) et une exposition.

Étape 2 : On écrit une présentation de l'exposition et de l'artiste. On trouve des illustrations (dessins, photos...).

Étape 3 : On présente l'artiste à la classe et on décrit un objet de l'exposition. On explique pourquoi il est intéressant. On affiche le dépliant.

Pierrick Sorin réalise des courts-métrages et des dispositifs visuels. Cette installation est tout en couleurs : du jaune, du rouge, du vert...

François Chalet propose un monstre, rond, noir et blanc. Le public rentre dans la tête du monstre et voit directement à travers ses yeux. Mais si le monstre est méchant alors sommes-nous les gentils ?

Culture Vidéo

1 Regardez et écoutez.

Quel est le titre de la vidéo ?

Retrouvez les voyelles du titre.

V_S_T_ G__D__ D_ C_NTR_ P_MP_D__ D_ M_TZ

2 Regardez.

Dans quel ordre ?

Travaillez par deux ou trois. Notez l'ordre des images du reportage. Ensuite, posez des questions aux autres groupes pour savoir dans quel ordre ils ont classé les images.

a. Une vue de l'extérieur du musée

b. Shigeru Ban, l'un des deux architectes

c. Des statues noires et blanches

d. Un chapeau chinois

e. Un grand tableau du peintre Balthus

f. Jean de Gastines, l'un des deux architectes

g. Une maquette du centre Pompidou de Metz

h. Une vue de l'intérieur du musée avec des ouvriers

1	2	3	4	5	6	7	8

Musée d'art

Un musée d'art est un espace d'exposition de l'art, principalement d'art visuel.
Des peintures y sont le plus exposées. On y trouve aussi des sculptures, des photographies, des illustrations, des installations et divers objets d'arts.

Centre Pompidou de Metz (Moselle)

UNE VISITE AU MUSÉE

Musées en France

1 200 musées attirent plus de 41 millions de visiteurs par an. Le Louvre, le château de Versailles et le musée d'Orsay accueillent à eux seuls près de 16 millions de personnes chaque année. La plupart des villes de province possèdent également un ou plusieurs musées.

>> Et chez vous ?

Pour en savoir plus : www.culture.gouv.fr

Écoutez.

3 *Combien ?*

Recopiez en bleu le nombre d'œuvres du musée, en rouge le nombre d'années de construction, en noir le prix de cette construction et en vert le nombre de visiteurs attendus.

> 400 – 30 – 800 – 100 – 86 millions – 700 – 86 mille –
>
> 400 mille – 80 – 4 millions – 8 – 3

Regardez et écoutez.

4 *Quel architecte ?*

Dites si les affirmations suivantes correspondent à Jean de Gastines ou à Shigeru Ban.

a. Il est japonais.

b. Il parle en français.

c. Il a acheté un chapeau chinois à Paris, il y a trois ans.

d. Il est filmé devant le bâtiment.

e. Il parle de la structure du bâtiment.

f. Il est heureux de voir son bâtiment « vivre ».

Paris et les architectes contemporains

Dans la capitale, on peut voir les réalisations récentes d'architectes contemporains.
La géode de la Villette (A. Fainsilber, 1986), l'Institut du Monde arabe (J. Nouvel, 1987), le ministère des Finances (P. Chemetov et B. Huidobro, 1984-89), la Pyramide de verre marquant l'entrée du Louvre (I.M. Peï, 1983-89) et la Grande Arche de la Défense (J.O. von Spreckelsen, 1985-89).

>> Et chez vous ?

Parlez.

5 *Chefs d'œuvre ?*

Voici deux œuvres d'art que vous pouvez admirer dans la rue.
Choisissez celle que vous préférez : vous la décrivez et vous expliquez votre choix à votre voisin(e).

Jour 9

08:00

Rendez-vous 1

14:00 Cuisines du monde

15:00

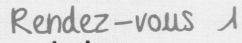

LE MOT DE LA FIN

16:00

17:00

Rendez-vous 2
C'est le départ

18:00

19:00

20:00

21:00

22:00

23:00

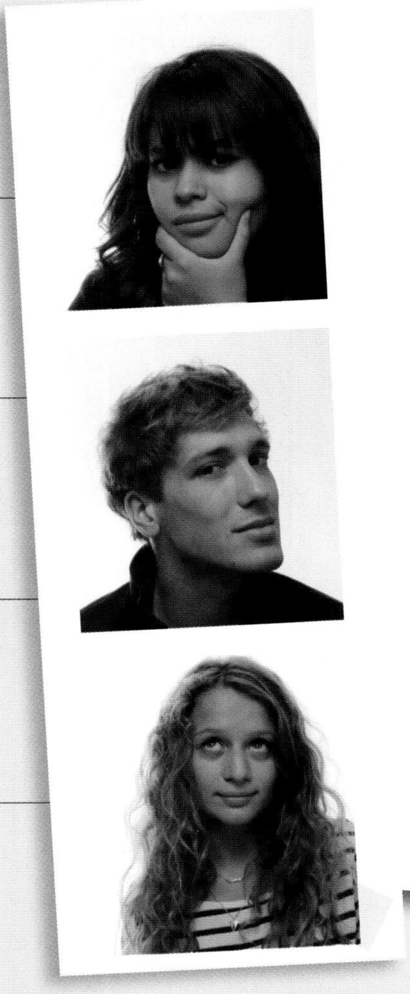

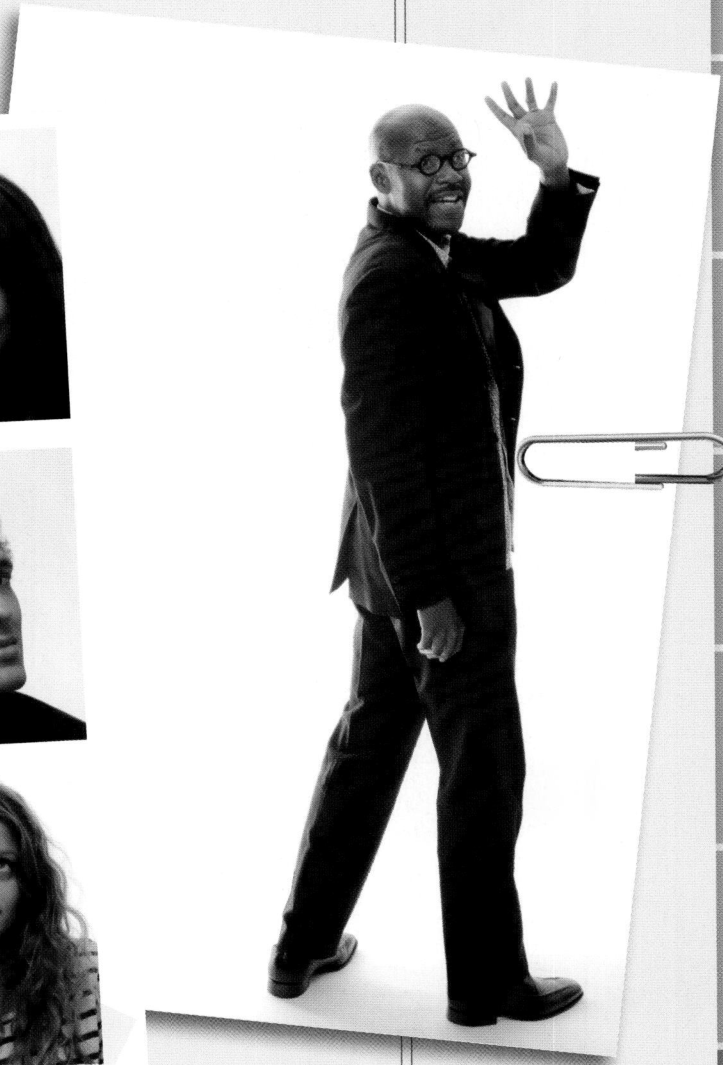

Cuisine Gourmande - n°152 - *sommaire*

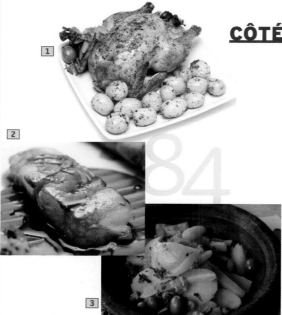

CÔTÉ DÉCOUVERTE

Vous voulez faire plaisir à vos amis ?

Vous pourriez leur préparer un plat simple avec un peu d'épices, beaucoup de plaisir et surtout pas de stress !

Voici trois menus avec des aliments simples à trouver :

> Menu créole avec du porc et des légumes

> Menu belge avec du poulet et des pommes de terre

> Menu marocain avec du mouton, des pommes de terre et des oranges

(lire l'article p. 84)

CÔTÉ CUISINE

Vous êtes gourmand ?

Vous êtes en train de cuisiner ? Un peu de crème, beaucoup de crème ? Trop de chocolat ? Une cuillère à café ou à soupe d'huile ? Combien de calories dans votre plat ?

Voyez le tableau des calories.

(lire l'article p. 86)

CÔTÉ STAR

Vous voulez perdre des kilos ? Vous êtes en train de faire un régime ?

Deux actrices expliquent leurs repas. Elles nous donnent leurs recettes.

Et notre docteur leur propose des plats...

(lire l'article p. 89)

|76

FAIRE UNE PROPOSITION

1

Je lis les trois rubriques. J'associe une rubrique à un thème.

a. Perdre du poids
b. Préparer des bons plats
c. Contrôler les calories de ses plats

2

Je lis la rubrique *Côté découverte* et j'associe un menu à une photo.

a. Menu créole : photo …
b. Menu belge : photo …
c. Menu marocain : photo …

3

Dans le magazine, je choisis la rubrique qui me plaît. Je note pourquoi.

J'aime la rubrique …

4

En petits groupes, on choisit un menu de la rubrique *Côté découverte*. On trouve l'entrée et le dessert. On fait quelques propositions à la classe.

Si vous voulez, avec le menu… , on peut faire…

5

J'écris un message à un ami et je lui propose une sortie au restaurant.

> **Pour proposer**
>
> – *On peut* – *On pourrait*
>   On pourrait aller au restaurant mexicain.
> – *Tu veux* – *Vous voulez*
>   Tu veux aller au restaurant mexicain ?
> – *Si tu veux* – *Si vous voulez*
>   Si tu veux, on peut aller au restaurant mexicain.

STRUCTURER LE DÉROULEMENT D'UNE ACTION

6 **3** > Piste 62

J'écoute le cuisinier et je réponds vrai ou faux.

	Vrai	Faux
a. Le pays d'origine de ce plat est la France.		
b. Le trois-quarts est le nom du gâteau.		
c. L'aliment proposé pour donner plus de douceur est le cacao.		
d. Il y a quatre ingrédients dans ce plat.		

7

J'ai les notes du cuisinier. J'écris un texte pour présenter les étapes de sa recette avec les mots pour structurer un discours.

> 1. Mélanger les œufs.
> 2. Ajouter le sucre.
> 3. Mettre la farine, le beurre et enfin la banane.
> 4. Mettre dans un four à 160°C pour 45 minutes.

8

En petits groupes, on choisit un plat et on présente les étapes de la recette.

> **Pour structurer son discours, on utilise :**
>
> *d'abord*
> *ensuite / après = (et) puis*
> *enfin = pour finir*
>
> *premièrement*
> *deuxièmement*
> *finalement*

Grammaire

Le présent continu

– *Tu fais quoi ?* – *Je suis en train de regarder un film.*

• On utilise le présent continu pour parler d'une action en cours de déroulement.
– *Vous êtes en train de faire un gâteau ?*
– *Non, je suis en train de faire une entrée avec des légumes.*

• On forme le présent continu avec : **« être » au présent + « en train de » + verbe à l'infinitif.**

1.

Je fais une recette de cuisine. Mon voisin me pose des questions. J'utilise la recette et le présent continu pour lui répondre.

– *Qu'est-ce que tu cuisines ?*
– *Je suis en train de faire un bœuf bourguignon.*
a. Tu coupes la viande ? – Oui, …
b. Et les carottes ? – Elles …
c. Et tu mets les oignons aussi ? – Oui, …
d. Tu n'oublies pas le sel et le poivre ? – Non, je …

Le bœuf bourguignon

Couper la viande en cubes et cuire 10 minutes.
Cuire les carottes.
Ajouter les oignons.
Mettre une cuillère de sel et un peu de poivre.
Cuire 1 heure.

2.

Jeu des mimes.

3.

a. Je décris les actions des personnes autour de moi.
Les étudiants sont en train de faire un exercice.
Le professeur est en train de…

b. J'imagine les actions de mes amis, de ma famille.
Mes amis…

Les pronoms compléments d'objet indirect (= COI)

Elles parlent au chef cuisinier, il leur donne des informations, elles lui posent des questions.

• Un COI est un mot ou un groupe de mots placé après le verbe avec la préposition « à » :
– *Tu as téléphoné à Marjorie ?*
– *Oui, je lui ai téléphoné.*

• Pour remplacer les COI, on a « lui » ou « leur » :
Martha parle à Éric. = *Martha lui parle.*
Didier téléphone à ses parents tous les jours.
= *Didier leur téléphone tous les jours.*

Masculin ou féminin singulier = « lui »
Masculin ou féminin pluriel = « leur »

Attention !
• Pas de pronoms COI avec des verbes comme :
« penser à », « s'intéresser à… »
Je pense à Mathilde. → *Je pense à elle.*
Tu t'intéresses à Luc. → *Tu t'intéresses à lui.*
• « Leur » (COI) ≠ « leur » (adjectif possessif)
Je leur téléphone après le cours. ≠ *J'aime beaucoup leur fils.*

4.

Je lis le texte. Je note les verbes qui ont des pronoms compléments indirects.
Proposer à ; …

Culture gourmande en France

En France, les gens sont gourmands.
Vous leur proposez un repas entre amis, ils acceptent.
Vous rencontrez un Français, vous lui demandez de cuisiner un bon plat : il accepte.
Vous voulez faire plaisir à un ami français… Je vous propose de lui faire un bon plat. Il va adorer !

Et vous, faites-vous des bons plats à vos amis ?
Proposez-vous des repas à votre famille ?
Demandez-vous à vos amis de faire la cuisine ?

5.

Je réponds aux trois questions de l'article de l'activité 4. J'utilise des phrases avec un pronom.
- Oui, je leur fais des plats. Je fais…

Cuisines du monde

6.

Je prépare un repas entre amis. Avec mon voisin, on fait la liste des choses à faire. On utilise :
parler / donner / dire / écrire / téléphoner / montrer…
lui / leur.

Carole : on lui demande la recette de son dessert.
Sébastien : on …

7.

Carole pose des questions à son mari Sébastien. J'écris ses réponses. J'utilise les pronoms compléments : *le, les, l'* **ou** *lui, leur.*

a. Tu as préparé le gâteau pour ce soir ?
b. Tu as invité Pierre et Caroline ?
c. Tu as demandé à ta mère de garder les enfants ?
d. Tu ouvres la bouteille ?
e. Tu vas mettre ton costume bleu ?
f. Tu as dit à tes parents que c'est mon anniversaire ?

Les adverbes de quantité

– *Tu veux* un peu de *café ? – Oui, j'adore ça. Mais je bois* trop de *café et* pas assez d'eau.

• Pour exprimer :	avec un verbe :	avec un nom :
– une quantité nulle	« ne … pas »	« pas de »

Laurie ne mange pas. Pas de *pain.*

– une petite quantité	« peu »	« (un) peu de »

Kevin mange peu. Peu de *viande.*

– une grande quantité	« beaucoup »	« beaucoup de »

Léo mange beaucoup. Beaucoup de *fruits.*

– une quantité excessive	« trop »	« trop de »

Sonia boit trop ! Trop de *thé.*

Rappel : « plus de… » ≠ « moins de… »

• **Un contenu :** un verre de…, une cuillère à café de…, une cuillère à soupe de…
• **Une quantité :** ¼ = un quart, ½ = une moitié, ¾ = trois quarts, 4/4 = quatre quarts
Faites une sauce avec une cuillère à soupe de *crème,* une moitié d'orange *et* une cuillère à café de *curry.*

Les voyelles nasales [ɛ̃] – [ã] – [ɔ̃]

• Pour écrire les sons [ɛ̃] – [ã] – [ɔ̃], on utilise plusieurs lettres. Voici quelques exemples :

[ɛ̃] → in – ein – im	mat**in** – pl**ein** – **im**possible
[ã] → an – am – en – em	gé**an**t – **am**bulance – **en**vie – **em**mener
[ɔ̃] → on – om	s**on** – **om**bre

1. > *Piste 64*

J'écoute les mots et je note les voyelles nasales que j'entends.

	[ɛ̃]	[ã]	[ɔ̃]
ingrédient	✓	✓	

2. > *Piste 65*

J'écoute et je répète les mots dans l'ordre proposé.

a. bain	banc	bon
b. vin	vent	vont
c. pain	pan	pont
d. sans	sont	sain
e. temps	ton	thym
f. dans	don	daim
g. mon	main	ment
h. rond	rein	rang
i. long	lin	lent

3. > *Piste 66* DVD Rom

J'écoute et je répète les phrases.
a. Avec **un** b**on** v**in** bl**anc**, ce saum**on** est div**in** !
b. Nous av**ons** m**an**gé du lap**in** aux ch**am**pign**ons** vraim**ent** excell**ent** !

8. > *Piste 63*

J'écoute et je complète avec les quantités pour chaque ingrédient.

Viande	Légumes	Sauce
bœuf	pommes de terre et champignons noirs	crème, orange, curry, huile et beurre
…	…	…

Rendez-vous 1 ☒ à faire

➡ **Présenter des plats et des recettes de cuisine**

 **> Piste 67**

Un ami d'Anna nous présente ses deux restaurants français à Tokyo. Je note les informations.

Nom des restaurants :	...	...
Style de cuisine :	...	...
Plats ou menus :	...	...

2

Je lis le menu et je trouve les ingrédients pour le dessert. Je fais une proposition pour la préparation.

Menu
« Couleurs et vitamines »
Quiche aux carottes
Canard à l'orange
Carpaccio de fraises épicées

La quiche aux carottes

Ingrédients :
– 1 pâte
– 500 grammes de carottes
– 2 tomates
– 4 œufs
– un peu de sel
– une cuillère à café de curry
– 4 à 5 cuillères à soupe de
   crème liquide
– 120 grammes de fromage
   (parmesan)

Carpaccio de fraises épicées

Ingrédients :
– ...
– ...
– ...

Quelques plats typiques de la France

En Alsace et en Lorraine :	la quiche ; la tarte à l'oignon
En Midi-Pyrénées :	le cassoulet
En Bretagne :	les crêpes salées et sucrées
En Provence :	la ratatouille

3

Avec mon voisin, on cherche les régions sur la carte de France, page 12.

4

J'associe les plats avec un ingrédient et un pays.

Plat	Ingrédient	Pays
a. la paëlla	**1.** du bœuf	**A.** le Maroc
b. le tajine	**2.** du porc	**B.** la France
c. la moussaka	**3.** du mouton	**C.** l'Espagne
d. la quiche	**4.** du poulet	**D.** la Grèce

5

En petits groupes, on explique les plats étrangers qui sont célèbres dans notre pays. On dit le pays d'origine et les ingrédients pour chaque plat.

Créer un livre de recettes

Étape 1 : En petits groupes, on choisit un plat à présenter à la classe (région, qualités, ingrédients…).

Étape 2 : On rédige la recette du plat avec les ingrédients, les quantités et les étapes de la recette.

Étape 3 : On présente le plat à la classe.

Étape 4 : On crée le livre des recettes illustrées de la classe.

BIENVENUE À PARIS

n°712
vendredi 9 juillet 2010

www.bienvenueaparis.net

ne pas jeter dans la rue

L'histoire
Ils voulaient voir des kangourous… ils arrivent au Canada !
suite page 6

Météo
Les ¾ de la France au soleil : le début du week-end va être extraordinaire…
lire page 7

Vacances à l'étranger : Des projets et… des surprises !

lire l'article page 3

Retrouvez tout de suite nos voyages !

Cliquez sur topaventure.com

Social
70 % des restaurants acceptent ce projet parisien : repas gratuits pour les très pauvres…
page 4

Quartiers
Serge Gainsbourg donne son nom à un jardin de Paris…
page 5

3

– Alors ça y est ? Tu as toutes tes affaires, tes papiers, ton billet d'avion ?

– Oui, oui, et je n'ai pas dormi cette nuit : j'ai vérifié peut-être dix fois que j'avais bien mon passeport, mon visa, mon billet, ma carte bancaire. Je crois que je n'ai rien oublié !

– Donc Paris, c'est fini ? Et tu vas revenir dans combien de temps ?

– Écoute, pour moi, la vie à Paris, c'était formidable avec toi, avec nos amis français et étrangers du quartier, du club de sport, etc. J'ai vraiment des souvenirs fantastiques de nos week-ends, de nos soirées… Mais je suis venu passer huit mois pour apprendre le français. Maintenant, j'ai mon diplôme et je rentre !

– Super. Je comprends… mais, nous, tes amis, on reste ici, à Paris !

– Bientôt, tu vas pouvoir venir chez moi en vacances. Je vais trouver un travail très vite, après je vais acheter une petite maison avec un jardin. C'est génial pour recevoir les amis, non ?

– Remarque, tu as raison. Mon projet pour les prochaines vacances est clair : je prends un billet d'avion, mon passeport, de l'argent et j'arrive ! C'est simple comme bonjour !

– Bonne idée ! Bon, merci pour ce dernier café. J'y vais et je te téléphone tout à l'heure de l'aéroport. Salut !

– Tiens, je te fais un cadeau : c'est le journal d'aujourd'hui ! Et la première page avec les infos, les titres et le début des articles vont te rappeler ta vie ici ! Un souvenir pour vraiment se souvenir… Au revoir.

– Merci beaucoup. *Bienvenue à Paris* pour me dire au revoir, c'est amusant. Allez, merci et… à bientôt alors.

C'est le départ

2 Rendez-vous

S'INFORMER AVEC LA PRESSE

1

Je lis le document et je réponds aux questions.

a. Combien d'articles il y a dans le document ?

b. Ce document est :
 – une publicité
 – un journal
 – une offre de voyage

c. À quelles informations sont associées les quatre photos ?

2

Avec mon voisin, on choisit un article de *Bienvenue à Paris* qui nous intéresse. On explique pourquoi à la classe.

La presse

Un quotidien = pour le jour
Un hebdomadaire = pour la semaine
Un mensuel = pour le mois
Un journal – des journaux
Un magazine = un hebdomadaire ou un mensuel + des photos de qualité + une couverture

Les informations

À l'oral, on dit : les infos.
Un article – une annonce – une publicité – une rubrique
La première page d'un journal s'appelle la une.

3

a. Avec mon voisin, on choisit un thème et on prépare cinq questions.

 – Les rubriques préférées des étudiants.
 – Les habitudes de lecture des étudiants de la classe.

b. On fait l'enquête dans la classe.

4

Avec mon voisin, on présente à la classe les résultats de l'enquête avec des statistiques.

Une statistique

On écrit :
– *50 % des gens sont des femmes = la moitié = ½ des gens*
– *33 % des étudiants disent qu'ils lisent un quotidien = un tiers = 1/3 des étudiants*
– *¼ = un quart, 1/5 = un cinquième*
 …

ENVISAGER L'AVENIR

5 **> Piste 68**

J'écoute le dialogue et je note :

a. le temps que la personne a passé à Paris ;

b. ses projets pour l'avenir ;

c. les projets de l'autre personne pour les prochaines vacances.

6 **> Piste 68**

J'écoute encore le dialogue des deux amis. Je coche les expressions de temps entendues.

a. À bientôt ☐
b. Après le week-end ☐
c. Dans huit jours ☐
d. Dans vingt ans ☐
e. Passer huit mois ☐
f. Plus tard ☐
g. Tout à l'heure ☐
h. Tout de suite ☐

7

Je parle avec mon voisin de mes projets.

Qu'est-ce que tu vas faire tout à l'heure ? dans 8 jours ? plus tard ?

On utilise dans pour parler d'une action dans le futur.

– *Dans combien de temps tu vas commencer à travailler ?*
– *Maintenant, je fais des études et je vais travailler dans 2 ans !*

Attention !

dans une semaine = dans 8 jours
dans deux semaines = dans 15 jours !
On utilise aussi les expressions tout de suite *(= maintenant),* tout à l'heure *(= dans 30 min. ou 1 heure),* bientôt *(= dans quelques jours),* plus tard *(= après, mais je ne connais pas la date).*

---

8  **> Piste 68**

J'écoute encore le dialogue et je note les documents de voyage à emporter.

À la banque : *changer de l'argent*
À l'aéroport : *présenter son passeport à la douane, prendre sa carte d'embarquement, enregistrer les bagages, déclarer des objets de valeur*

Grammaire

La révision des temps : le passé

- **Au passé, on utilise :**
- l'imparfait pour décrire une situation ;
Avant, on ne connaissait pas le français.
- le passé composé pour raconter une action ;
L'année dernière, nous sommes allés en France.
- le passé récent pour raconter une action proche.
Je viens de trouver un travail en France.

1.

Je lis l'article. Je note et je classe les verbes au présent, à l'imparfait, au passé composé et au passé récent.

Il est riche et il va faire le tour du monde !

Quand il était chef d'entreprise, Jean Némart travaillait et il avait une vie tranquille. Après la mort de ses parents, il a reçu beaucoup d'argent. Il a arrêté son travail. Cette année, il vient d'acheter un bateau et il va faire le tour du monde.

Interview de Jean Némart, *page 3.*

2.

Avec mon voisin, on répond aux questions. On explique les réponses et on donne un exemple.

	Vrai	Faux
a. « Je fais » est le verbe *faire* à l'imparfait.	☐	☐
b. Pour trouver le passé composé, j'utilise toujours *avoir* et le participe.	☐	☐
c. On trouve l'imparfait d'un verbe avec *vous* + verbe au présent.	☐	☐
d. « Elle vient voir sa famille » est au passé récent.	☐	☐

3.

Je raconte l'histoire de Yann.

a. 1985 : mariage des parents de Yann
b. 1987 : naissance de Yann
c. 2000 : première visite de Yann à Paris
d. 2010 : départ de Yann pour le Canada (études)
e. cette année : premier emploi de Yann à la douane de l'aéroport

La révision des temps : le présent, le futur proche

- *Tu vas, tu viens dans la maison. Qu'est-ce que tu fais ?*
- *Ah, mais je réfléchis et je vais bientôt trouver la solution !*

- **Au présent**, on écrit :
- les verbes en « -er » avec « e », « es », « e », « ons », « ez », « ent ».
J'habite / tu habites / il, elle, on habite / nous habitons / vous habitez / ils, elles habitent.
- beaucoup de verbes en « -ir » avec « s », « s », « t », « ssons », « ssez », « ssent ».
Je finis / tu finis / il, elle, on finit / nous finissons / vous finissez / ils, elles finissent.

Attention !
Partir : je pars / tu pars / il, elle, on part / nous partons / vous partez / ils, elles partent.
Venir : je viens / tu viens / il, elle, on vient / nous venons / vous venez / ils, elles viennent.
Verbes en « -endre », « -andre », « -ondre » : « nds », « nds », « nd », « ndons », « ndez », « ndent ».
Je réponds / tu réponds / il, elle, on répond / nous répondons / vous répondez / ils, elles répondent.

Attention !
Il faut mémoriser les formes des verbes « être », « avoir », « aller », « faire », « pouvoir », « vouloir », « savoir » car elles sont différentes.

- **Au futur proche**, on utilise « aller » au présent + infinitif.
Je vais comprendre !

4.

J'écris les verbes être, avoir, aller, faire, pouvoir, vouloir, savoir à la 1ʳᵉ personne du singulier et à la 1ʳᵉ personne du pluriel du présent.

5.

Jeu des petits papiers.

C'est le départ

6. **> Piste 69**

J'écoute les dialogues et je réponds : est-ce que la personne a fait l'action ou va faire l'action ?

7.

Je raconte ma journée d'aujourd'hui.

Qu'est-ce que j'ai fait ? Qu'est-ce que je fais maintenant ? Qu'est-ce je vais faire plus tard ?

L'expression du but avec « pour »

– *Dans quel but elle voyage au Québec ?*
– *Pour parler français, bien sûr ! Et c'est aussi pour faire des rencontres…*

> • On répond à la question « dans quel but ? » et on exprime le but avec « pour » + infinitif ou avec « c'est pour » + infinitif.
> – *Dave va à la plage pour rencontrer des amis ?*
> – *Oui, c'est pour faire des rencontres !*

8.

Je lis l'enquête de l'agence de voyages et j'envoie un message avec mes réponses.

> ## ENQUÊTE
>
> Dans quel but vous êtes venu(e) dans notre agence ?
>
> Dans quel but vous voulez prendre des vacances en été ? en hiver ?

9.

Avec mon voisin, on écrit des questions avec *dans quel but* ? Puis, on se pose nos questions.

Dans quel but tu achètes un magazine pour les vacances ?

Phonétique

Les consonnes [r] et [l]

> • Pour écrire les sons [r] et [l], on utilise plusieurs lettres. Voici quelques exemples :
> [r] → r – rr   sortir – arrêt
> [l] → l – ll   lire – allumer
>
> **Attention !** i + ll = [j] → *fille* [fij]
> Exception : *ville* [vil]

1.  **> Piste 70** DVD Rom

J'écoute et je répète les listes de mots avec [l] et [r] dans différentes positions.

entre deux voyelles	à la fin du mot
vi**ll**age – vi**r**age	l'éco**l**e – les co**r**ps
ca**l**é – ca**rr**é	les ba**l**s – les ba**r**s
a**ll**aiter – a**rr**êter	les mu**l**es – les mu**r**s
ca**l**otte – ca**r**otte	l'ai**l**e – l'ai**r**

après une consonne	au début du mot
p**l**i – p**r**ix	**l**oup – **r**oue
c**l**an – c**r**an	**l**ong – **r**ond
f**l**air – f**r**ère	**l**ire – **r**ire
c**l**oche – c**r**oche	**l**ame – **r**ame

2.  **> Piste 71** DVD Rom

J'écoute et je répète ces phrases.

a. Je sors.
   Je sors ce soir.
   Je sors ce soir pour danser.
   Je sors ce soir pour danser le rock.
b. Je lis.
   Je lis un livre.
   Je lis un livre sur l'Argentine.
   Je lis un livre sur l'Argentine et le Chili.
c. Je pars.
   Je pars à Rome.
   Je pars à Rome avec Irène.
   Je pars à Rome avec Irène et Mireille.

3.  **> Piste 72** DVD Rom

J'écoute et je répète les virelangues de plus en plus vite.

a. Mon père est maire, mon frère est masseur.
b. Trois gros rats gris dans de la grosse graisse grasse.
c. Le mur murant Paris rend Paris murmurant. (par Victor Hugo)
d. C'est trop tard pour le tram trente-trois. (par Jacques Brel)

→ Partager une info de presse

1  **> Piste 73**

**Je fais ma valise pour quitter la France.
J'écoute les messages de mes amis.**

a. J'écris le nom des journaux ou des magazines et les thèmes de cette presse.

b. Je note pourquoi les amis me conseillent d'acheter cette presse.

2

**Je trouve une connexion internet à l'aéroport.
Je cherche un journal français ou francophone que j'aime. J'envoie un message à mes amis Anna, Nora et Paul pour conseiller ce journal et j'explique pourquoi.**

3

Édouard arrive à l'aéroport pour me dire au revoir. Je lis et je raconte l'article à Édouard.

Paris - Les soirées pique-nique gênent les habitants du quartier

L'année dernière, tous les soirs, quand il faisait beau, des centaines de pique-niqueurs se retrouvaient dans les espaces verts de la capitale. Mais un habitant du quartier sur deux n'était pas content.

Avec les beaux jours, les touristes et les Parisiens s'installent sur l'île de la Cité, dans les jardins des Tuileries ou encore au bord de la Seine pour pique-niquer. Louis, étudiant de 23 ans, a fait cette expérience l'année dernière : « C'était pratique et pas cher. Une fois, on est allés au bord de l'eau et on a dansé, une autre fois, on a mangé dans un petit parc et on a joué de la musique. C'était trop ! ». Génial, peut-être oui, mais quel bruit pour les habitants qui voulaient dormir ou se reposer !

C'est le départ

Organiser notre future réunion d'amis

4

Je suis au guichet d'embarquement avec Édouard. J'ai mon passeport et mes papiers de voyage. Édouard m'explique comment faire pour embarquer. Je joue la scène avec mon voisin.

> **ATTENTION, VOUS ÊTES ARRIVÉ(E) À LA LIMITE DE LA ZONE INTERNATIONALE.**
>
> **LES VOYAGEURS DOIVENT PRÉSENTER LEUR CARTE D'EMBARQUEMENT, PRÉPARER LEUR PASSEPORT POUR PASSER LA DOUANE, PUIS DÉCLARER DES OBJETS DE VALEUR SI NÉCESSAIRE.**

5

Avec Édouard, on décide de faire un voyage plus tard pour réunir nos amis Mélis, Nora, Mathilde, Paul et Anna. On envoie un message à nos amis et on parle de notre projet.

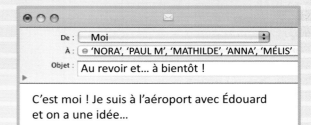

De :	Moi
À :	'NORA', 'PAUL M', 'MATHILDE', 'ANNA', 'MÉLIS'
Objet :	Au revoir et... à bientôt !

C'est moi ! Je suis à l'aéroport avec Édouard et on a une idée...

TÂCHE

Fabriquer la une du journal de classe « Passé-Futur »

Étape 1 : On divise la classe en deux groupes : un groupe choisit trois souvenirs de classe, l'autre groupe choisit trois projets pour se retrouver. On écrit un titre pour chaque proposition.

Étape 2 : Les deux groupes présentent à l'oral les idées et leurs titres. On choisit un souvenir et un projet.

Étape 3 : En petits groupes, on écrit les premières lignes du souvenir ou du projet choisi.

Étape 4 : Toute la classe fabrique la une du journal avec les souvenirs et les projets. On ajoute des photos et on affiche la une dans la classe.

Culture Jeux

LES 6 CATÉGORIES

ART ET LITTÉRATURE	CINÉMA	SPORT
CHANSON	GÉOGRAPHIE	AUTRES

1 *À vous de jouer !*

Dans la classe, faites six groupes. Dans chaque groupe, un élève prend une carte et donne le premier indice. Si personne ne trouve la bonne réponse, l'élève donne un nouvel indice, etc.

Arts et littérature : Qui suis-je ?

- Je suis peintre et j'ai vécu de 1840 à 1926.
- Mon tableau *Impression, soleil levant* a donné son nom au mouvement impressionniste.
- À partir de 1883, j'ai habité dans une petite ville à Giverny.
- J'ai beaucoup peint la nature et les paysages.
- Voici la photo de mon jardin :

Cinéma : Qui suis-je ?

- Voici ma photo :
- Je fais des films à succès.
- *Jeanne d'Arc* est un de mes films.
- Jean Reno joue souvent dans mes films.
- Mon prénom est Luc.

Sport : Qui suis-je ?

- Mon sport :
- J'ai joué à la Juventus de Turin et au Real Madrid.
- En 1998, j'ai gagné avec mon équipe la Coupe du monde de foot.
- Je viens d'une famille algérienne et j'ai grandi à Marseille.
- On me surnomme « Zizou ».

Géographie : Qui suis-je ?

- Je suis situé au nord-est de l'Amérique du Nord.
- J'ai 8 millions d'habitants pour une surface de 1 667 441 km².
- Le fleuve Saint-Laurent traverse mon territoire.
- Je suis une province francophone du Canada.
- Ma capitale s'appelle Montréal.

Autres : Qui suis-je ?

- Je suis très célèbre en France.
- Les Français me mangent spécialement le matin.
- J'ai une forme spéciale.
- On m'achète dans les boulangeries ou les pâtisseries.
- Mes ingrédients principaux sont le beurre, la farine.

Chanson : Qui suis-je ?

- Voici ma photo :
- J'étais chanteuse.
- Mon nom signifie petit oiseau.
- Les gens m'appelaient *La Môme*.
- Une de mes chansons s'appelle *La Vie en rose*.

LA COMPÉTITION FRANCOPHONE

Arts et littérature : Qui suis-je ?

- Je suis un sculpteur célèbre du 19ᵉ siècle.
- J'ai réalisé des œuvres comme *La Porte de l'Enfer* ou le célèbre *Penseur*.
- J'ai vécu une passion avec Camille Claudel.
- À Paris, ma maison est devenue un musée.
- Voici une de mes œuvres :

Cinéma : Qui suis-je ?

- Je suis une actrice française célèbre.
- J'ai 46 ans et j'habite à Paris.
- J'ai joué pour les réalisateurs Krzysztof Kieslowski, Jean-Luc Godard ou Michael Haneke.
- J'ai joué dans *Les Amants du Pont-Neuf, Trois Couleurs : Bleu, Le Patient anglais*.
- Mon prénom est Juliette.

Sport : Qui suis-je ?

- Je joue au basket.
- Je suis français mais je joue aux États-Unis.
- Je suis devenu champion NBA avec mon équipe en 2003.
- On m'appelle « TP ».
- J'ai fait un album de rap.

Chanson : Qui suis-je ?

- Je suis la personnalité préférée des Français pour l'année 2010.
- Mon père est camerounais et ma mère française.
- J'étais joueur de tennis et maintenant je chante.
- Mon prénom est Yannick.
- Mon dernier album s'appelle *Frontières*.

Géographie : Qui suis-je ?

- Je suis un petit pays.
- J'ai quatre langues officielles.
- Je suis au milieu de pays européens.
- Mon drapeau est rouge et blanc.
- Ma capitale est Genève.

Autres : Qui suis-je ?

- Je suis à Paris dans le 7ᵉ arrondissement.
- J'ai quatre pieds.
- Je suis en métal et je mesure 300 mètres.
- Les touristes me visitent beaucoup.
- J'ai trois étages et il y a un restaurant au premier étage et au deuxième étage.

---

2 *À votre tour ! Créez des cartes et gagnez la deuxième compétition !*

Avec votre voisin, faites une carte pour chaque catégorie. Donnez les indices à un autre groupe.

Règles du jeu :

> Vous trouvez un personnage, un symbole ou un objet du monde de la francophonie pour chaque catégorie.

> Vous définissez les cinq indices.

> Vous faites valider par votre professeur.

> Vous êtes prêts à lire les indices et à trouver les énigmes d'un autre groupe !

RÉPONSES :

1. Arts et littérature : Claude Monet et Auguste Rodin

2. Cinéma : Luc Besson et Juliette Binoche

3. Sport : Zinédine Zidane et Tony Parker

4. Chanson : Édith Piaf et Yannick Noah

5. Géographie : le Québec et la Suisse

6. Autres : un croissant et la tour Eiffel

Évaluation 3 A1+

COMPRÉHENSION DE L'ORAL   20 minutes

Activité 1   4 points

Objectif : identifier une activité

Écoutez le message sur le répondeur. Répondez aux questions.

1. Madame Loris téléphone pour : . . . . .1 point
   a. annuler un rendez-vous.
   b. donner une information.
   c. organiser un rendez-vous.

2. Quels sont le jour et l'heure proposés par madame Loris ? . . . . .1 point

3. Où est la société SELCA ? . . . . .1 point
   a. Dans un village.
   b. Au centre-ville.
   c. Dans une maison.

4. Madame Loris me demande d'apporter… . . . . .1 point

Activité 2   5 points

Objectif : identifier un événement

Écoutez une annonce à la radio. Répondez aux questions.

1. La radio annonce : . . . . .1 point
   a. une émission.
   b. un concert.
   c. une exposition.

2. Quel est le thème de l'événement ? . . . . .1 point

3. La radio propose combien d'entrées gratuites ? . . . . .2 points

4. Pour participer, je dois : . . . . .1 point
   a. parler à la radio.
   b. écrire un texto.
   c. aller à la cité des Sciences.

Activité 3   6 points

Objectif : comprendre des instructions

Écoutez l'agent de la gare. Répondez aux questions.

1. Je veux : . . . . 1 point
    a. retirer un billet électronique.
    b. connaître le prix d'un billet.
    c. m'informer sur les horaires.

2. Le code est... . . . . 2 points

3. Je vais : . . . . 1 point
    a. de Brest à Rennes.
    b. de Nantes à Brest.
    c. de Rennes à Nantes.

4. Le train part à... . . . . 2 points

Activité 4   10 points

Objectif : identifier des situations

Écoutez et écrivez le numéro de la situation sous le dessin qui correspond. Attention, il y a 5 situations et 6 dessins.

a. Situation n° ...

b. Situation n° ...

c. Situation n° ...

d. Situation n° ...

e. Situation n° ...

f. Situation n° ...

Évaluation 3 A1+

Activité 1 6 points

Objectif : suivre des instructions simples

Bonjour,

Je pense arriver tard au bureau.
Il faut préparer le dossier de formation
des employés pour la réunion de service.
Appelez madame Sindac au
06 37 89 78 10 pour un rendez-vous
à 16 h mais pas dans mon bureau.
Réservez la salle 208. Imprimez son CV.
Je veux l'avoir pour la réunion.
Je vais chez le coiffeur puis je vais
déjeuner avec monsieur Heinz au
restaurant Le Larzac, surtout ne me
dérangez pas !
Vous devez tout faire avant mon arrivée.

MR

Lisez le message et répondez aux questions.

1. MR me demande : . . . . 1 point
   a. d'arriver à l'heure.
   b. de venir au bureau.
   c. de préparer un dossier.

2. Je dois téléphoner pour … . . . . 1 point

3. La réunion va se passer : . . . . 1 point
   a. dans le bureau.
   b. dans une salle.
   c. au restaurant.

4. Pour la réunion, je dois apporter : . . . . 1 point

a. ☐   **b.** ☐   **c.** ☐

5. Où va MR ? (2 réponses) . . . . 2 points

Activité 2 6 points

Objectif : lire pour s'orienter dans l'espace

Le 12 juillet
Christine
À : Liste de diffusion bureau

Salut,

J'organise un pique-nique pour fêter mon départ. On peut se retrouver à partir de 18 h 30 samedi prochain sur la plage à côté du casino. Interdit de parler de cours et de diplôme. On va s'amuser, comme le soir de mon anniversaire, quelle soirée !!!
Je fais des salades et Édouard s'occupe des desserts. Venez avec une bouteille et c'est tout !
Si vous venez en train : vous sortez de la gare et vous prenez à gauche. C'est l'avenue Jean Loste. Vous tournez à droite et ensuite à gauche pour descendre l'avenue du 11 novembre 1918. Vous tournez à gauche : c'est le quai Charles de Gaulle. Vous continuez tout droit et vous arrivez au casino.

Bises

Christine

Lisez le message et répondez aux questions.

1. Christine me propose de venir pour fêter : . . . . 1 point
   a. son anniversaire.
   b. son départ.
   c. son diplôme.

2. À quelle date est la fête ? . . . . 1 point

3. Où se passe la fête ? . . . . 1 point

4. Je dois apporter : . . . . 1 point
   a. une salade.
   b. un gâteau.
   c. une bouteille.

5. Dessinez l'itinéraire proposé dans le message. . . . . 2 points

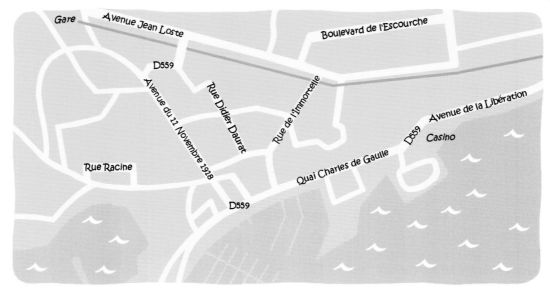

Activité 3

6 points

Objectif : lire pour s'orienter dans le temps

Lisez et répondez aux questions.

1. Qu'est-ce qu'ils peuvent visiter à Rouen ? . . . . 1 point

2. Que peut-on faire dans le Cantal ? . . . . 1 point

3. Vos amis sont en vacances au printemps. Ils peuvent aller : . . . . 2 points
   a. en ville.
   b. à la mer.
   c. à la campagne.

4. Lisa aime manger des légumes du jardin. Je choisis le week-end numéro… . . . . 1 point

5. Adrien aime observer le ciel. Je choisis le week-end numéro… . . . . 1 point

Évaluation 3 A1+

Activité 4 7 points

Objectif : lire pour s'informer

Mercredi 21 juillet

Un site Internet propose de louer des amis

Ils sont déjà plus de 200 000 inscrits sur le site Internet rentafriend.com. Contre une vingtaine d'euros d'abonnement, le site vous propose de louer des amis pour aller au cinéma ou voir une exposition. Inutile d'espérer se faire de vrais amis ou d'obtenir des rendez-vous amoureux : les tarifs sont de 7,80 euros de l'heure. « C'est un site d'amitié » a insisté le responsable du site.

Lisez l'article et répondez aux questions.

1. Ce texte : . . . . 1 point
   a. informe sur une nouveauté.
   b. raconte des événements.
   c. propose une activité.

2. Ce document parle : . . . . 1 point
   a. de sorties culturelles.
   b. d'un site Internet.
   c. de cinéma.

3. Qu'espèrent trouver les personnes ? . . . . 2 points

4. Qu'est-ce que je peux demander ? . . . . 1 point

a. ☐ b. ☐ c. ☐

5. Combien coûte le service ? . . . . 2 points

PRODUCTION ÉCRITE 30 minutes

Activité 1 10 points

Objectif : compléter un formulaire

Répondez à une enquête sur les médias.

1 point par réponse correcte

Date de naissance : ....
Lieu de résidence (ville / pays) : ....

Quand achetez-vous le journal ? ....
Quel est votre journal francophone préféré ? ....
Que lisez-vous en premier dans le journal ? ....

Vous utilisez Internet depuis quand ? ....
Que recherchez-vous sur Internet, en général ? ....
Combien de temps restez-vous sur Internet chaque semaine ? ......
Un Français sur deux se connecte sur Internet chaque jour. Qu'en pensez-vous ? ....

MERCI POUR VOS RÉPONSES.

Activité 2

Objectif : rédiger un message simple (40 à 50 mots)

Le 21 juin, c'est la Fête de la musique ! Vous écrivez un courriel à un ami pour raconter votre soirée. Vous décrivez vos amis et vous donnez votre opinion sur les concerts proposés (40 à 50 mots)

PRODUCTION ORALE   5 à 7 minutes

Activité 1 : Entretien dirigé

Objectif : parler de soi

Répondez aux questions.

- Comment vous vous appelez ? Votre prénom, comment ça s'écrit ?
- Parlez-moi de vos loisirs. Vous faites du sport ? Vous écoutez de la musique ? Quel genre de musique ?
- Décrivez vos dernières vacances.

Activité 2 : Échange d'informations

Objectif : poser des questions

Vous posez des questions à l'examinateur à partir de 4 ou 5 mots-clés.

| Danse ? | Profession ? | Exposition ? | Train ? | Animal ? | Menu ? |

Activité 3 : Dialogue simulé

Objectif : faire un menu / parler de ses projets

1. **Avec un ami, vous parlez des plats typiques de différents pays. Votre ami vous pose des questions sur vos goûts. Vous vous mettez d'accord sur un menu pour un repas entre amis.**
   Vous jouez la scène avec l'examinateur.

2. **Un ami français vient en vacances dans votre pays. Vous donnez des conseils sur les lieux à visiter et les activités possibles. Vous expliquez l'arrivée à l'aéroport et comment faire pour aller chez vous.**
   Vous jouez la scène avec l'examinateur.

Index thématique des notions

① Noms ② Verbes ③ Adjectifs, adverbes, locutions et autres

Jour et RDV	Thème	Lexique
Jour 1 RDV1	Les salutations :	① Au revoir, bon après-midi, bonjour, bonne journée, bonne nuit, bonsoir, salut
	Les nombres jusqu'à 69 :	① Un, deux, trois, quatre, cinq, six, sept, huit, neuf, dix, onze, douze, treize, quatorze, quinze, seize, dix-sept, dix-huit, dix-neuf, vingt, vingt et un, vingt-deux, ..., trente, ..., quarante, ..., cinquante, ..., soixante...
	Les relations :	① Merci // ③ Comment ... ?
	L'identité :	② Être, s'appeler // ③ Moi, vous
	Les nationalités :	① Américain, chinois, espagnol, français, italien
	Le logement :	① Une ville // ② Habiter
Jour 1 RDV2	Les jours de la semaine :	① Lundi, mardi, mercredi, jeudi, vendredi, samedi, dimanche ; une semaine, un week-end
	La politesse :	② S'excuser // ③ Pardon, s'il te plaît, s'il vous plaît
	Le vocabulaire de la classe :	① Un cahier, un dictionnaire, une feuille, un livre, un papier, un stylo // ② Comprendre, écrire, épeler, jouer, lire, observer, parler, répéter // ③ Ça s'écrit comment ?, Ça veut dire quoi ?, Comment on dit ... ?
Jour 2 RDV1	L'état civil :	① Célibataire, divorcé, en couple, fiancé, marié ; un enfant
	Les professions :	① Un architecte, un dentiste, un dessinateur, un journaliste, un musicien, un pâtissier, un vendeur
	La formation professionnelle :	① Un étudiant, un stagiaire ; un couloir, un salon, un stage, un stand // ② Travailler
	Les nombres jusqu'à 1 000 :	① Soixante-dix, quatre-vingts, quatre-vingt-dix, cent, mille
Jour 2 RDV2	Les goûts :	② Adorer, détester, goûter // ③ Bon, mauvais
	Les repas :	① Un déjeuner, un dîner, un petit-déjeuner
	Les aliments :	① Un dessert, un fromage, un fruit, du lait, un légume, un œuf, du pain, un poisson, une viande
Jour 3 RDV1	La ville :	① Un animal, un arbre, un commerce, un immeuble, un parc, une plante, une rue, une station de métro
	Le climat :	① Le temps, le soleil // ③ Beau, mauvais, chaud, froid
	Les directions et la localisation :	① Un endroit, le nord, le sud, l'est, l'ouest // ③ Autour, au bord de, à côté de, ici, là, là-bas, loin (de), près (de) ; à, en, au, aux
Jour 3 RDV2	Les produits alimentaires :	① Du beurre, du bœuf, un bouquet, de la farine, une glace, de l'huile, une pomme, un produit frais, un rôti, du sucre, un yaourt // ② Acheter, avoir besoin de, choisir
	Les quantités :	① Un gramme, un kilo, un litre, un demi-litre, une douzaine
	Les magasins et professions :	① Une boulangerie, une boucherie, une crèmerie, une épicerie, une pâtisserie ; un coiffeur, un fleuriste, un vendeur ; une caisse, un rayon
	Les produits divers :	① Une bougie, un produit d'entretien, de la lessive, une serviette en papier
Jour 4 RDV1	Le logement :	① Un appartement, un ascenseur, une cuisine, un étage, un garage, un immeuble, un jardin, une maison, un rez-de-chaussée, une salle de bains, un studio ; une avenue, une banlieue, un centre-ville, une commune, un quartier // ③ Calme, meublé, neuf
	Les meubles et l'électroménager :	① Un canapé, une chaise, un fauteuil, un lit, une table ; une cuisinière, un réfrigérateur ; un truc
	La localisation :	② Partir, Sortir // ③ À droite de, à gauche de, en face de, entre, sous
Jour 4 RDV2	La santé :	② Avoir mal à, être malade // ③ Aïe !
	Les médicaments :	① Un comprimé, une crème, un pansement, un sirop
	Les professions de la santé :	① Un chirurgien, un dentiste, un docteur, un infirmier
	Les parties du corps :	① Une bouche, un bras, un cheveu, une dent, un dos, une jambe, une main, un nez, un œil, une oreille, un pied, une tête
	Les moments de la journée :	① Un matin, un midi, un soir
Jour 5 RDV1	L'alimentation :	① De l'agneau, des pâtes, du poisson, du riz ; le sel, le poivre ; un plat, une garniture ; une étape, un ingrédient, une ambiance // ② Cuire, couper, préparer, mettre, enlever
	Les ustensiles et les plats :	① Une assiette, un couteau, une fourchette, un verre
	Les appareils :	① Un clavier, un écran, une touche // ② Allumer, brancher, débrancher, éteindre, fonctionner, marcher // ③ Électrique, électronique

Jour 5 RDV2		Les loisirs :	① Une activité, un débat, un décor, une histoire, une place, une scène, un spectacle // ② Découvrir, discuter // ③ À la mode, libre
		Les médias :	① Une critique, une émission télé, les informations, un programme, une rubrique, une série
		Les opinions :	① Une idée // ② Pouvoir, vouloir, savoir // ③ Bof, contre, d'accord, égal, génial, pour, impossible, super ; voilà ; si ; on
6	**Jour 6** RDV1	Les caractéristiques physiques :	③ Blond, brun, roux ; court, long ; fort, mince
		Les vêtements :	① Des bottes, des chaussures, une chemise, un imperméable, une jupe, un manteau, un pantalon, un pull, un T-shirt, une veste ; un chapeau, des lunettes, un parapluie // ② Mettre, porter, s'habiller avec // ③ Chaud, élégant, léger
		Les mois de l'année :	① Janvier, février, mars, avril, mai, juin, juillet, août, septembre, octobre, novembre, décembre
		Les couleurs :	③ Bleu, blanc, jaune, marron, noir, rouge, vert
		Les caractéristiques psychologiques :	③ Heureux, malheureux
	Jour 6 RDV2	La famille :	① Un adolescent, un adulte, un bébé, une fille, un fils, un frère, une grand-mère, un grand-père, des grands-parents, une maman, une mère, un papa, un parent, un père, une sœur
		Les relations :	① Un couple, une femme, un mari ; un compagnon, un copain
		La fréquence :	② Changer, rester // ③ Âgé, jeune, vieux ; jamais, longtemps, souvent, toujours, tous les...
7	**Jour 7** RDV1	Les transports et les voyages :	① Un train, une gare, un billet, un aller simple, une durée, une place, un départ, une arrivée, un voyageur, une classe, une place // ② Réserver
		Le tourisme :	① Un chemin, une ferme, un gîte, un office du tourisme, la tranquillité ; une poule, une vache // ③ Écologique
		La communication :	① Un coup de fil, un instant // ② Rappeler //③ De la part de...
	Jour 7 RDV2	La musique :	① Un bruit, un concert, un silence // ② Écouter, entendre, jouer
		Les instruments de musique :	① Une guitare, un piano, un violon
		La colère :	③ Alors là, non !, Si ça continue..., Ça va pas, non ? ; Sortez ou je crie ; Arrête !, Chut ! Tais-toi !, Silence ! ; Ce n'est pas bien (de)
		Les excuses :	③ Je regrette, Je suis désolé, Pardon ; Je te promets (de), C'est promis ; Ça vous dérange si
8	**Jour 8** RDV1	L'éducation :	① Des études, un baccalauréat, un diplôme, une école supérieure, un lycée, une université
		Le monde professionnel :	① Le chômage ; une expérience, une formation ; une entreprise, une société
		Les caractéristiques psychologiques :	③ Antipathique, bête, intelligent, compétent, courageux, gentil, heureux, incompétent, malheureux, peureux, professionnel
		Les opinions :	③ À cause de
	Jour 8 RDV2	Les opinions :	③ Bon, formidable, génial, horrible, mauvais, nul
		Les matières :	① Le bois, le fer, le papier, le verre
		Les formes :	③ Carré, plat, rectangulaire, rond
		Les couleurs :	③ Gris, orange, rose
		Porter un toast :	② Trinquer // ③ Tchin-tchin, à la tienne, à la vôtre, à ta santé, à votre santé
		L'art :	① La peinture, la photographie, la sculpture, le design
		Les animaux :	① Un chat, un chien, un cochon, un éléphant, un lion, un moustique, un oiseau
9	**Jour 9** RDV1	Les structures du discours :	③ D'abord, après, ensuite, enfin, pour finir ; je vais parler de...
		Les poids et les mesures :	① Un mètre, un kilomètre, un kilogramme, un décilitre, un centilitre ; un verre de..., une cuillère à café de..., une cuillère à soupe de... //③ Entier, moitié
		L'alimentation :	① Du porc, du poulet, du mouton ; une banane, une épice, un gâteau, un oignon, une orange ; une calorie, un repas, un menu, un ingrédient, un goût // ② Mélanger // ③ Gourmand
	Jour 9 RDV2	Les indicateurs de temps :	③ Bientôt, dans, plus tard, prochain, tout à l'heure, tout de suite
		Les médias :	① Un article, un hebdomadaire, un quotidien, un mensuel, une information, une rubrique, une « une »
		Les quantités relatives :	① Un cinquième, un quart, un tiers
		Les opinions :	② Avoir raison, remarquer // ③ Pour
		Les voyages :	① Une carte d'embarquement, une douane, un visa // ② Contrôler, changer, déclarer

Transcriptions

Leçon zéro - Premier contact

Les personnages   p. 6-7

- Bonjour, je m'appelle Nora Benamar, 26 ans, vendeuse.
- Bonjour, je m'appelle Paul Malongo, 42 ans, homme d'affaires.
- Salut, Mélis Güney, 20 ans, étudiante.
- Bonjour, je m'appelle Mathilde Meunier, 65 ans, retraitée.
- Salut, Jeanne Meunier, 17 ans, lycéenne.
- Bonjour, Édouard Bergerin, 27 ans, graphiste.
- Bonjour, Anna Delarue, 30 ans, sans activité.

Rencontre avec le français   p. 8-9

1. a.- Bonjour.
   - Bonjour.
   b. - Salut !
   - Salut !
   c. - Au revoir !
   - Au revoir.

7. Neuf - deux - cinq - cinquante - zéro - vingt - sept - trois - dix - six - soixante - huit

9. Le numéro de Monsieur Sabin est le 02 15 16 18 12, je répète 02 15 16 18 12.
   Le numéro de Niko est le 04 31 24 57 14, je répète 04 31 24 57 14.
   Le numéro de Raphaël est le 06 49 20 11 63, je répète 06 49 20 11 63.

11. a. Écrivez votre nom avec un stylo.
    b. Ouvrez votre livre page 25 !
    c. Prenez votre cahier d'activités.
    d. Faites l'exercice sur une feuille.
    e. Vous pouvez utiliser le dictionnaire.

Jour 1 - De vous à moi

RDV1 - Atelier gourmand
À découvrir   p. 12-13

2. *Exemple : Bonjour, j'habite à Lille et je m'appelle Rita.*
   a. Bonsoir, je m'appelle Mattéo et j'habite à Bordeaux.
   b. Salut, j'habite à Brest et je m'appelle Mona.
   c. Salut, je m'appelle Nathan, j'habite à Marseille.
   d. Bonjour, je m'appelle Lilou. J'habite à Paris.

À faire   p. 16-17

1. - Bonjour, je m'appelle Anna. Mon nom, c'est Delarue. Ça s'écrit D.E.L.A.R.U.E. Je suis japonaise.
   - Bonjour, je m'appelle Mélis. Mon nom, c'est Güney. Ça s'écrit G-Ü tréma-N-E-Y. Je suis turque et je suis étudiante.
   - Bonjour, je m'appelle Paul. Mon nom, c'est MALONGO. Ça s'écrit M-A-L-O-N-G-O. Je suis gabonais.

2. - Bonjour, je m'appelle Anna. Je suis japonaise. J'habite à Paris.
   - Salut, moi c'est Mélis. J'habite à Istanbul. Je suis turque.
   - Bonjour à tous, je m'appelle Paul. Je suis gabonais. J'habite en France.

RDV2 - Librairie « Le Livre »
À faire   p. 22-23

2. Bonjour, je m'appelle Mathilde, j'habite l'appartement 21, je suis ta voisine. Tu connais les ateliers écriture ? C'est super... Moi, je viens trois fois par semaine le mardi à 13 h, le mercredi à 10 h et le samedi à 15 h. Je te donne mon numéro de téléphone : 01 28 13 16 09. Attends, je répète : 01 28 13 16 09. Et voilà mon courriel : mathilde@gmail.com. On peut se retrouver de temps en temps...

Jour 2 – Entre nous

RDV1 – Inscription à la cafétéria

À savoir / À prononcer   p. 31

2. a. Il étudie la musique classique.
   b. Elle a 25 ans et elle est ingénieur.
   c. Elle est célibataire mais elle a un fiancé.
   d. Il habite à Paris et il est dentiste.
   e. Il est marié et il a deux enfants.
   f. Claude est avocate et elle a un mari italien.

3. a. Tu es étudiant ? Non, je travaille et je suis boulanger
      à Angers.
   b. Alain, il est fiancé avec Céline. Il a 26 ans et elle, elle
      a 28 ans.
   c. Tu connais Lucie ? Elle est mariée, elle a un enfant
      et elle habite à Versailles. Elle est musicienne.
   d. C'est qui sur la photo ? C'est Sylvain. Il est cuisinier
      et il est marié avec ma cousine Claire. Elle, elle est
      photographe.

À faire   p. 32-33

1. Bon. Merci à tous. Attention pour l'atelier gourmand
   de demain mercredi : le cours est dans la salle 184
   et nous avons cours de 9 h à midi ! Vous avez compris ?
   Salle 184, de 9 heures à midi. Bonne après-midi
   et à demain.

RDV2 – Dîner surprise

À savoir / À prononcer   p. 37

2. a. Claire
   b. Yves
   c. Hélène
   d. Caroline
   e. Hugo
   f. Stéphanie

À faire   p. 38-39

1. Il est 18 h 42. Vous avez un nouveau message. Coucou,
   c'est Nora ! On dîne tous au restaurant : c'est une
   surprise pour l'anniversaire de Paul. Il vient chez moi
   après le travail. On se retrouve tous au Café des amis
   à 19 h 30 sur la place.

Jour 3 – Dans ma rue

RDV1 – Carte postale

À savoir / À prononcer   p. 47

2. a. musée
   b. touristique
   c. température
   d. boulevard
   e. beaucoup
   f. minuscule

À faire   p. 48-49

5. Moi, je préfère les petits villages, j'adore les arbres
   et le soleil !! Au Nord, dans les villes, le ciel gris
   et je n'aime pas les immeubles. Le Sud-ouest, c'est
   super, il y a toujours du soleil ! Il fait chaud, le ciel
   est bleu. Vous pouvez aller là-bas, c'est magnifique.

RDV2 – Courses

À faire   p. 54-55

2. Allô ? Non, maman, je mange chez un ami ce soir !
   Oui, j'ai la liste pour toi aussi. Je sais : le supermarché
   est fermé dimanche ! Ah ? Pour le pique-nique de
   demain ? Bon d'accord. J'achète quoi aussi ? Attends,
   on prend un papier et un stylo. Alors, je répète : une
   salade, des œufs, 6, d'accord, des serviettes en papier.
   Une bouteille de jus de fruits ? Mais on choisit quel jus
   de fruits ? OK, on décide dans le magasin. J'apporte
   les courses chez toi à 8 heures. À tout à l'heure !

Transcriptions

Jour 4 – C'est la vie !

RDV1 – Nouvelle adresse
À faire p. 68-69

2. Bonjour, c'est Nora. Il est 8 h 30. Joinville-le-Pont, c'est fini. Bonjour Paris ! On a tous rendez-vous 8 avenue du Parc, à mon ancienne adresse, pour déménager. Édouard vient avec sa voiture. Je n'ai pas beaucoup de meubles mais il y a une grande armoire et un grand lit. On va faire deux allers-retours entre l'ancienne adresse et la rue de la Grange-aux-Belles. Rendez-vous à 10 h, je t'attends ! Bien sûr, à midi, je vous invite au resto. Merci beaucoup, à tout à l'heure.

4. – Allô, c'est Mélis. C'est pas possible ! Je cherche la rue de Nora : je vois bien la Poste à gauche et, en face de la Poste, le centre commercial, mais après, ce n'est pas l'avenue du Parc ! Comment je fais ?
– Salut, c'est Édouard. Je suis en voiture dans l'avenue du Général Galliéni. Je vais être un peu en retard.
– Bonjour, c'est le père de Nora. Il y a un problème : le téléphone de Nora ne fonctionne pas. Vous pouvez dire à Nora que je suis avenue Jamin. Vous commencez à sortir les meubles et j'arrive.

RDV2 – Allô, Docteur !
À faire p. 74-75

1. Salut, c'est Mélis. Est-ce que ça va, toi ? Moi, non. J'ai très mal au cœur ! J'attends le docteur. Je reste à la maison ce soir. Je prends un médicament et hop, au lit ! Allez, bisous.

4. Alors, il faut prendre un comprimé pendant trois jours tous les matins pour le mal de tête. Et mettre de la crème, le soir sur le bras. Sur le doigt, vous mettez un pansement tous les deux jours.

6. Bonsoir, c'est Mathilde. Alors... pour Mélis, il faut rester au lit et... attendre. Dis à Édouard de boire du thé vert. Paul ne peut pas manger de glace ! Il faut prendre rendez-vous avec le docteur Odenlong, c'est mon dentiste. Pour Nora, il faut prendre deux comprimés après le repas.

Jour 5 – C'est si bon...

RDV1 – Super chef
À savoir / À prononcer p. 83

1. étudiant - bonjour - présentateur - compact - rond - santé - fonctionne - safran - maintenant - encore - contrôler - boisson - émission - ensemble

À faire p. 84-85

1. Bonjour à tous ! Aujourd'hui, nous allons faire un plat français classique, une ratatouille ! Vous comprenez « ratatouille » ? Dans ce cours, nous allons commencer par faire la liste des ingrédients, ensuite acheter les légumes au marché. Et après le marché, vous devez préparer votre recette. Nous allons aussi utiliser des appareils électriques et cuire les légumes. Pour finir, vous allez mettre la table ! Allez ! On commence.

RDV2 – Soirée à la maison
À faire p. 90-91

3. Alors moi, c'est facile. J'ai 27 ans. J'écoute la radio tous les matins pour avoir les informations... La télé, j'adore, surtout avec le film du dimanche soir, ça me repose. Je déteste Internet mais, pour mon travail, je dois utiliser l'ordinateur souvent ! J'ai beaucoup de copains musiciens, alors je vais souvent au concert. Pour m'amuser, je chante avec un groupe. Et si je gagne les billets pour un concert, je t'invite !

5. Salut, c'est Nora ! Je suis chez un ami et je vais arriver tard. Je ne veux pas aller à un concert. On pourrait regarder quelque chose de comique, une comédie ou un film de science-fiction mais pas de jeu de société, de match de foot ou de karaoké pour moi ! Je suis super fatiguée. À tout à l'heure !

RDV1 – Nouveau style

À faire   p. 100-101

1. Bonjour, c'est Anna du cours de cuisine. Tu sais, la jeune femme brune mariée avec un Français. Bon, on prend un café ensemble avant le cours ? Rendez-vous au bar devant l'école à 11 h. Aujourd'hui, je porte une petite robe rouge et une veste noire. J'ai des lunettes aussi. À tout à l'heure.

RDV2 – Soirée photos

À faire   p. 106-107

2. Alors, je te présente ma famille. Voici mes enfants : Guillaume, mon grand fils et Camille, ma fille. Mon frère Emmanuel vient de partir et Noël, c'est l'ami de Camille, va arriver. Et voilà Jeanne, ma petite-fille préférée.

4. Avant, je me réveillais tous les matins à 6 heures et demie. Mon mari préparait le petit-déjeuner pour toute la famille. Mes enfants se levaient à 7 heures pour aller à l'école. Je coiffais Camille et Guillaume s'habillait seul. Pendant 15 minutes, mon mari écoutait la radio avec son café. À 8 heures, toute la famille partait et j'étais tranquille à la maison !
Maintenant, c'est différent. Je me réveille à 8 heures ou 9 heures quand je me couche tard et je prends mon petit-déjeuner seule, avec les informations sur France Inter.

RDV1 – Arles
À savoir / À prononcer   p. 121

1. a. cousin – coussin
   b. assis – assis
   c. vous savez – vous avez
   d. ils ont – ils ont
   e. désert – dessert
   f. poisson – poison
   g. bus – bus
   h. ils aiment – ils s'aiment

À faire   p. 122-123

1. Salut, c'est Nora ! Bon, voici les informations pour venir à Arles. La gare de départ est « Gare de Lyon » à Paris. Prends le train de 9 h 46, il est direct jusqu'à Arles. À l'arrivée, tu sors de la gare et tu vas nous voir, je vais venir avec Édouard. Il est arrivé hier. Allez ! Bon voyage ! Ah ! J'ai oublié, je ne sais plus à quelle heure tu arrives. Envoie-moi un message pour me dire.

2. Attention, retard sur le train 6542. Le train au départ pour Arles a un retard de 20 minutes. Ce train est direct jusqu'à Arles et l'arrivée prévue en gare d'Arles à 13 h 20 minutes.

7. Avec mon mari, nous sommes arrivés à Arles il y a 20 ans. On s'est installé dans la région et depuis on n'a pas bougé. La ferme s'est développée et nous avons eu trois enfants Nora, Ali et Souad. Après, ils sont partis vivre en ville pour travailler. Ici, la nature est belle et la ferme est grande. Alors on a décidé de faire un gîte. L'année dernière, nous avons reçu soixante-dix touristes. Le mois dernier, on a acheté des vélos et on a proposé de nouvelles activités. Nous aimons beaucoup recevoir des personnes différentes...

Transcriptions

RDV2 – Fête de la musique

À faire
p. 128-129

1. – L'année dernière, la Fête de la musique, c'était génial ! Avec Nora, on est partis de Paris en train pour Bordeaux. On a dansé toute la nuit sur de la musique africaine. C'était génial ! Et toi, Mélis, tu as fait quoi ?
   – Je suis allée à Istanbul. On a écouté un groupe de hip hop et on a fini la soirée avec les musiciens dans un bar. Il y avait une très bonne ambiance mais cette année...
   – Avec ce mauvais temps !!!
   – Non, ce n'est pas ça... Ce sont mes amis qui me manquent parfois...
   – Mais, je suis là ! On devrait aller au Centre culturel, il y a un concert.
   – C'est un concert de quoi ?
   – C'est un groupe qui fait de la salsa. J'adore !
   – Moi, je préfère la musique électronique ou la variété...
   – Allez, viens, on va voir sur place.

4. Hey les jeunes, vous n'allez pas vous installer ici ? Ce n'est possible, il n'y a pas de place. Et ici, c'est ma terrasse. Vous jouez quoi comme genre de musique ? Alors là non ! Ce n'est pas le genre des clients ! Et vous !!! Vous ne pouvez pas brancher votre appareil ici ! C'est moi qui paye l'électricité !!! Allez, partez maintenant ! Si ça continue, j'appelle la police !!!

Jour 8 – Être libre

RDV1 – Changer de travail

À savoir / À prononcer
p. 137

1. a. Il étudiait l'anglais. Il a étudié l'anglais.
   b. Il a écouté son chef. Il a écouté son chef.
   c. Elle se levait à 7 heures. Elle s'est levée à 7 heures.
   d. J'ai demandé un café. Je demandais un café.
   e. Tu préférais du thé. Tu préférais du thé.
   f. Elle a accepté cette idée. Elle acceptait cette idée.

À faire
p. 138-139

1. Salut, c'est Nora. Écoute, voilà : je voudrais te voir parce que ça ne va pas et j'ai besoin de tes conseils. Tu sais, mon travail de vendeuse est sympa mais je ne suis pas contente à cause de la nouvelle idée du responsable. Il veut maintenant ouvrir le magasin le dimanche. C'est pas possible, je veux changer de travail ! Bon, on peut se rencontrer à midi ? Je viens avec une collègue. Réponds vite ! Bises.

7. Bonjour, c'est Paul. J'ai vu ton message dans ma boîte professionnelle. Je veux bien aider notre copine Nora mais je voudrais des informations sur sa demande. C'est pas vraiment clair : elle veut faire une formation parce qu'elle doit travailler le dimanche ou à cause de son travail de vendeuse en général ? Bon, j'attends la réponse et on se donne rendez-vous cet après-midi. Pour moi, c'est possible, je peux vous retrouver, Nora et toi. À tout de suite. Paul.

RDV2 – À l'expo

À savoir / À prononcer
p. 143

1. a. C'est vraiment incroyable ces couleurs !
   b. Mais qu'est-ce que c'est que ça ?
   c. Je comprends vraiment rien à l'art moderne.
   d. Cette exposition est formidable.
   e. Tu veux vraiment que je dise que c'est beau !
   f. Comment, tu n'aimes pas du tout ?

À faire
p. 144-145

2. Bonjour, c'est Paul. L'exposition « Nouveaux monstres », c'est ce soir. Tu as reçu l'invitation que

j'ai envoyée ? C'est de l'art numérique, ça t'intéresse ? L'artiste, France Cadet expose ses robots et c'est une amie. Je t'attends à 19 h 30 au Life. Allez, viens !

3. Tu vois tous ces animaux sont des robots. Ils sont calmes et ils ne bougent pas. Mais quand tu te trouves face au lion par exemple, ses yeux s'allument et sa bouche s'ouvre. Il peut aussi tourner la tête quand tu passes. Et puis, il fait du bruit, comme un vrai lion. J'adore cette artiste. Quel talent !

Jour 9 – Le mot de la fin

RDV1 – Cuisines du monde

À savoir / À prononcer   p. 153

1. a. invente
   b. ancien
   c. concombre
   d. vendanges
   e. maintien
   f. rencontre
   g. compétent
   h. invention

À faire   p. 154-155

1. Bonjour à tous ! Je m'appelle Dominique Roudil. D'abord, je voudrais vous parler de mon restaurant à Tokyo. Il s'appelle « La Maison » et nous faisons de la cuisine française de tradition avec des plats classiques du nord-est comme la choucroute. Ensuite, si vous voulez, je peux vous expliquer mon célèbre menu « Couleurs et vitamines ». Et, pour finir, je vais vous montrer les photos de mon deuxième restaurant. Il s'appelle « Le Bistrot Domi ». Dans ce nouveau restaurant, nous faisons de la cuisine française moderne et des menus rapides avec des salades ou des quiches.

RDV2 – C'est le départ

À faire   p. 160-161

1. - Coucou c'est Anna. C'était super ce matin le cours de cuisine. Mais je n'ai pas eu le temps de te dire au revoir. Alors, je t'embrasse très fort et je te souhaite un très bon voyage. Ah, une surprise extraordinaire : le magazine *Cuisines et vins de France* du mois propose un dossier sur les recettes parisiennes ! Achète le magazine tout à l'heure et tu vas pouvoir rêver dans l'avion !

   - Salut. C'est Nora. Une grosse bise pour ton retour ! Merci pour tout, j'ai été très heureuse de te connaître. Tu as vu le journal *Métro* d'aujourd'hui ? On a eu un reportage sur la fête de notre quartier et je suis en photo. C'est génial, non ? J'ai oublié d'apporter le journal chez toi pour te faire un cadeau. Trouve ce journal à l'aéroport avant le départ. Je t'embrasse.

   - Bonjour... et au revoir ! On a passé de super moments ensemble. Bien sûr, on reste en contact et je suis prêt à t'aider pour ta carrière, tu sais ! Dans 8 jours, dans un mois ou dans 10 ans, c'est pareil pour moi, je ne vais plus changer d'entreprise. Ah j'oubliais : j'ai écrit un article dans le magazine *Alternatives économiques* qui s'appelle « Voyages à l'étranger : dans quel but ? ». Il est à l'aéroport, je pense. Voilà, tu vas pouvoir réfléchir à la suite de ta vie. Allez, à bientôt par mail. Paul.

Précis grammatical

1 Le groupe nominal

Les articles définis et indéfinis

• Avec le nom, on utilise un article défini ou indéfini. Il se place toujours avant le nom. Il est au masculin ou au féminin, au singulier ou au pluriel comme le nom.

- Articles indéfinis : **un**, **une**, **des**.   *un livre - une histoire - des personnages*
- Articles définis : **le**, **la**, **l'**, **les**.   *le livre - la classe - l'histoire - les personnages*

• On utilise l'article indéfini pour :
- une chose ou une personne inconnue :   *un étudiant - des amis ;*
- une quantité :   *un cours de cuisine - une amie.*

• On utilise l'article défini pour :
- une chose ou une personne précise :   *le train Paris-Marseille - les commerces de la ville ;*
- pour une catégorie :   *la viande - le français.*

Attention !
- Avec à + le / les → **au**, **aux**.   *au Canada - aux amis*
- Avec de + le / les → **du**, **des**.   *Je mange du pain et des pommes.*
- On utilise seulement *de* ou *d'* :
  - avec la négation *ne... pas* ou *ne... plus* :   *Je n'ai pas d'idée.*
  - sans quantité exacte :   *J'achète un peu de fruits et beaucoup de fromage.*
  - avec une quantité précise :   *Je bois une tasse de café et un verre de lait.*

Le nom

• **Le féminin**

On ajoute un *-e* final au nom masculin :   *un Français* → *une Française.*

Les noms avec un *-e* au masculin ne changent pas au féminin :   *un journaliste* → *une journaliste.*

Attention !
- Noms en *-en* au masculin → *-enne* au féminin : *Chilien* → *Chili**enne**.*
- Noms en *-ain* au masculin → *-aine* au féminin : *Marocain* → *Maroc**aine**.*
- Noms en *-er* au masculin → *-ère* au féminin : *boulanger* → *boulang**ère**.*
- Noms en *-eur* au masculin → *-euse* au féminin : *vendeur* → *vend**euse**.*
- Noms en *-teur* au masculin → *-trice* au féminin : *directeur* → *direc**trice**.*

• **Le pluriel**

On ajoute un *-s* au nom :   *l'ami* → *les ami**s***
- Pour les noms en *-eau* ou *-eu*, on ajoute un *-x* : *un gâteau* → *des gâteau**x** - un cheveu* → *des cheveu**x**.*
- Pour les noms en *-ail* → *-aux* : *le travail* → *les trav**aux**.*
- Les noms en *-s* ou *-x* ne changent pas au pluriel : *le pays* → *les pays - une voix* → *des voix.*

Les adjectifs

• **La place**

Les adjectifs sont **après le nom** : *un voisin sympathique - une fleur rouge.*

Attention !

Les adjectifs courts sont **avant le nom** : *bon - beau - grand - petit - jeune - gros - joli - court...*
une jolie maison - un grand garage - des petites filles

L'accord

• Le féminin

Au féminin, on ajoute un -*e* final :

Les adjectifs avec un -*e* au masculin ne changent pas au féminin :

petit → *petite* - *vert* → *verte*.
calme → *calme*.

Attention !

- Adjectifs en -*s* au masculin   → -*sse* au féminin :   *bas* → *basse*.
- Adjectifs en -*n* au masculin   → -*nne* au féminin :   *bon* → *bonne*.
- Adjectifs en -*er* au masculin   → -*ère* au féminin :   *cher* → *chère*.
- Adjectifs en -*f* au masculin   → -*ve* au féminin :   *neuf* → *neuve*.
- Adjectifs en -*eux* au masculin   → -*euse* au féminin :   *heureux* → *heureuse*.
- D'autres changent au féminin : *beau* → **belle** - *blanc* → **blanche** - *vieux* → **vieille**.

• Le pluriel

Au pluriel, on ajoute un -*s* :

- Pour les adjectifs avec -*eau*, on ajoute un -*x* :

- Les adjectifs avec -*x* ne changent pas au pluriel :

une maison neuve → *des maisons neuves*.
le nouveau livre → *les nouveaux livres*.
ce vieux meuble → *ces vieux meubles*.

Les possessifs

• On utilise les possessifs pour répondre à la question *à qui ?* et pour indiquer que quelque chose appartient à quelqu'un.

À qui ?	Masculin	Féminin	Pluriel
à moi	**mon**	**ma**	**mes**
à toi	**ton**	**ta**	**tes**
à lui / à elle	**son**	**sa**	**ses**
à nous	**notre**		**nos**
à vous	**votre**		**vos**
à eux / à elles	**leur**		**leurs**

mon journal - sa feuille - vos papiers

Attention !

Pour les noms féminins qui commencent par *a-, e-, i-, o-, u-, y-* et *h-*, *ma, ta, sa* se transforment en **mon, ton, son**.
*mon amie - **ton** histoire - **son** étudiante*

Les démonstratifs

• On utilise les adjectifs démonstratifs :
- pour montrer quelque chose ou quelqu'un.
- pour indiquer un moment d'aujourd'hui : matin, midi, après-midi, soir, nuit.

Cette *voiture, c'est ma voiture !*
Ce *soir, je sors au théâtre.*

	Masculin	Féminin
Singulier	**ce – cet**	**cette**
Pluriel	**ces**	

Attention !

Pour les noms masculins qui commencent par *a-, e-, i-, o-, u-, y-* et *h-*, on utilise **cet**.
cet homme - cet appartement - cet étudiant
Cet et **cette** se prononcent de la même façon.

Précis grammatical

2 Le pronom

Le pronom sujet

- Avec le verbe conjugué, on utilise les **pronoms sujets** :
  je - tu - il - elle - on - nous - vous - ils - elles.

- On utilise le pronom *on* quand :
  - on = nous : *On prend le bus ensemble ?*
  - on = les gens : *On mange bien dans ce restaurant.*

Attention !
Avec *on*, le verbe est à la 3ᵉ personne du singulier.   *On sort.*

- Pour insister, on peut utiliser un **pronom tonique** avec un pronom sujet.
  Moi, je suis français, et toi ?
  Toi, tu restes à la maison.
  Lui, il travaille le soir. / **Elle**, elle mange beaucoup.
  Nous, nous sommes étudiants de français.
  Vous, vous partez à 17 heures.
  Eux, ils dorment encore. / **Elles**, elles font les courses.

Le pronom complément

- On place le pronom complément avant le verbe.
  *Tu **y** vas. - Je **le** répète. - Il **lui** téléphone.*

Attention !
À l'impératif, il se place après.   *Allons-**y** ! - Répète-**le** ! - Téléphone-**lui** !*

- On place le pronom complément après la négation *ne*.
  *Je **n'y** vais pas. - Tu **ne** **le** répètes pas. - Elle **ne** **lui** téléphone pas.*

- **Y**
  On utilise y pour ne pas répéter un lieu.
  - *Tu vas au supermarché ? - Oui, j'**y** vais.*

- **Le pronom COD (complément d'objet direct)**
  Le pronom COD remplace un mot ou un groupe de mots avec un verbe sans préposition :
  *Il **la** regarde. = Il regarde la télévision. - Il regarde sa mère. - Il regarde la tour Eiffel...*

	Masculin	Féminin
Singulier	le / l'	la
Pluriel	les	

- **Le pronom COI (complément d'objet indirect)**
  Le pronom COI remplace une personne avec un verbe avec *à* :
  *Tu **lui** écris une lettre. = Tu écris une lettre au directeur. - à ta mère. - à un ami...*

	Masculin	Féminin
Singulier	lui	
Pluriel	leur	

Attention !
On n'utilise pas de pronoms COI avec les verbes *penser à, s'intéresser à*. On utilise les pronoms toniques. *Je pense à Marie.* → *Je pense à elle.* - *Tu t'intéresses à Luc.* → *Tu t'intéresses à lui.*

Le pronom relatif

• On utilise le pronom relatif pour ne pas répéter un élément commun à deux phrases.

• On utilise **qui** quand il est sujet du verbe.
  *Ce musée présente **une exposition moderne**. **L'exposition moderne** est très belle.*
  → *Ce musée présente une exposition moderne **qui** est très belle.*

• On utilise **que** quand il est COD du verbe.
  *À Paris, nous visitons **un musée**. J'adore **ce musée**.* → *À Paris, nous visitons un musée **que** j'adore.*

3 Le verbe

La négation

• La négation *ne... pas* ou *ne... plus* se place avant et après le verbe.
  Je mange. → *Je **ne** mange **pas**.*

• ne + a, e, i, o, u, y, h → n'   *J'aime.* → *Je **n'**aime **pas**.*

Le présent continu

• On forme le présent continu avec *être* au présent + *en train de / d'* + infinitif.

• On utilise le présent continu pour parler d'une action qui se passe actuellement.
  *- Vous **êtes en train de** lire un journal ? - Non, je **suis en train de** comprendre la grammaire.*

L'impératif

• On utilise l'impératif pour donner un ordre, une instruction.
  Prends le bus ! - Écoutons l'explication ! - Venez avec moi !

Attention !
- Au singulier, les verbes en *-er* et *aller*, n'ont pas de *-s* :
  Tu manges → *Mange ! - Tu vas en France* → *Va en France !*
- Les pronoms compléments se placent après le verbe.   *Regarde-**le** ! - Allez-**y** !*
- Avec *y*, on ajoute le *-s* aux verbes en *-er* et *aller*.   *Vas-**y** !*

Le passé

• **Le passé récent**
  - On forme le passé récent avec *venir de* au présent + infinitif.
  - On utilise le passé récent pour raconter une action proche.   *Je viens d'arriver.*

• **Le passé composé**
  - On forme le passé composé avec *être* ou *avoir* au présent + le participe passé du verbe.
  - On écrit *-é* le participe passé des verbes en *-er*.   *Il est arriv**é**. - Ils ont parl**é**.*
  - On utilise **être** avec 14 verbes : *arriver, aller, venir, partir, rester, retourner, entrer, sortir, monter, descendre, tomber, naître, mourir, devenir* et les verbes avec *se* (*se lever...*).   *Tu es monté. - Vous êtes tombés. - Il s'est promené.*

Attention !
On accorde le participe passé au sujet.   ***Elle** est allé**e**. - **Elles** sont venu**es**.*

Précis grammatical

- On utilise *avoir* avec tous les autres verbes. *J'ai mangé. - Nous avons téléphoné. - Ils ont marché.*
- La négation **ne... pas** se place avant et après les verbes *être* et *avoir*.
  Nous ne <u>sommes</u> pas sortis. - Ils n'<u>ont</u> pas écrit.
- On utilise le passé composé pour raconter des actions précises.

- **L'imparfait**
  - On forme l'imparfait avec le verbe à la forme *nous* au présent (nous parl-~~ONS~~) et on ajoute : -ais, -ais, -ait, -ions, -iez, -aient.
  - Imparfait de *être* : *j'étais - tu étais - il / elle / on était - nous étions - vous étiez - ils / elles étaient.*
  - On utilise l'imparfait pour décrire une situation. ***Quand** j'allais à l'école, j'étudiais les maths.*

Le futur proche

- Pour exprimer un événement proche dans le temps, on utilise *aller* au présent + infinitif.

Attention à la forme négative ! *- Tu vas déménager ? - Mais non, je **ne** vais **pas** déménager.*

- J'utilise le futur proche pour parler d'un projet.
  Je vais déménager la semaine prochaine.

Les constructions verbales

- **Il faut**
  On utilise ***il faut*** pour exprimer une nécessité, une obligation.
  - *Il faut* + nom. *Il faut un dictionnaire.*
  - *Il faut* + infinitif. *Il faut trouver un travail.*
  - On utilise *il ne faut pas* pour exprimer l'interdiction. *Il ne faut pas entrer !*

- ***Voilà, il y a, c'est*** + nom
  - Pour montrer, on utilise *voilà*. *Voilà sa maison !*
  - Pour présenter, on utilise *il y a* ou *c'est*. *Il y a une photo sur la table.*

Attention ! *C'est un médecin.* ***Ce sont*** *des médecins.*

- Avec la négation, les articles ne changent pas.
  - *C'est **un** ami de Tatiana ? - Non, ce n'est **pas un** ami de Tatiana.*

4 La phrase simple

L'interrogation

- À l'oral, pour poser des questions, on monte le son de la voix.
  À l'écrit, on ajoute un « ? ». *Ça va bien **?***
  On peut aussi ajouter ***est-ce que***.
  Est-ce que tu comprends ?

- Pour poser une question avec un nom, on utilise ***quel***.
  - Au masculin : *quel / quels.* *Quel est ton nom ?*
  - Au féminin : *quelle / quelles.* *Quelles sont les dates des vacances ?*

- Pour poser des questions sur une chose inconnue, on peut utiliser ***que*** / ***qu'*** ou ***quoi***.
  Qu'est-ce que c'est ? - Qu'est-ce que tu regardes ? - Tu regardes quoi ?

- Pour demander des informations sur un lieu, on utilise **où**.   *Où tu vas ?*
  À l'oral, on peut placer *où* à la fin de la phrase.   *Tu vas **où** ?*

- Pour poser des questions sur une quantité, on utilise **combien de / d'**.
  Combien d'étudiants il y a dans l'école ?

La réponse à une interrogation

- Pour répondre à une question fermée, on répond avec **oui**, **non** ou **si**.
  - *Ça va ? - **Oui**, ça va. - **Non**, ça ne va pas.*
  - *Ça ne va pas ? - **Si**, ça va. - **Non**, ça ne va pas.*

- Pour répondre et répéter la même chose, on utilise **moi aussi** pour la même chose positive et **moi non plus** pour la même chose négative.
  - *J'ai un vélo. Et toi ? - **Moi aussi**, j'ai un vélo.*
  - *Le dimanche, je ne travaille pas ! - **Moi non plus**, je ne travaille pas le dimanche.*

- Pour répondre à la question *pourquoi*, on utilise **parce que** + verbe ou **à cause de** + nom.
  *Paul n'est pas là **parce qu**'il est parti en vacances.*
  *On ne peut pas dormir **à cause de** la Fête de la musique !*

- Pour répondre à la question *dans quel but*, on utilise **pour** + infinitif ou **c'est pour** + infinitif.
  *On lit **pour** avoir des informations. - Lire le journal, **c'est pour** avoir des informations.*

La structure de la phrase simple

- Dans la phrase simple, il y a un verbe conjugué.
  On écrit la phrase simple avec :
  - un verbe seul.   *Viens ! - Il pleut.*
  - sujet + verbe + adjectif   *Je suis malade.*
    OU sujet + verbe + nom   *Tu appelles le médecin.*
    OU sujet + verbe + infinitif.   *On doit prendre des médicaments.*

- Pour donner des informations dans une phrase simple, on utilise :
  - **et** pour ajouter une dernière information dans une liste ;
  - **ou** pour proposer un choix ;
  - **mais** pour opposer deux choses.

Attention !
Pour une liste, on utilise la virgule et *et* pour les deux derniers éléments.
*Il parle l'anglais, le russe, l'espagnol **et** l'arabe.*

L'exclamation

- Quand on veut montrer la surprise, l'admiration, la joie, on utilise **quel**.
  À l'écrit, on ajoute un « ! ».   *Quel beau film !*
  On utilise *quel* en début de phrase et on l'accorde avec le nom.
  Quel sport ! - Quels loisirs ! - Quelle histoire ! - Quelles vacances !

Conjugaison

| Infinitif | Indicatif | | | Impératif |
	Présent	Imparfait	Passé composé	Présent
Être	je **suis** tu **es** il **est** nous **sommes** vous **êtes** ils **sont**	j'**étais** tu **étais** il **était** nous **étions** vous **étiez** ils **étaient**	j'ai **été** tu as **été** il a **été** nous avons **été** vous avez **été** ils ont **été**	**sois** **soyons** **soyez**
Avoir	j'**ai** tu **as** il **a** nous **avons** vous **avez** ils **ont**	j'**avais** tu **avais** il **avait** nous **avions** vous **aviez** ils **avaient**	j'ai **eu** tu as **eu** il a **eu** nous avons **eu** vous avez **eu** ils ont **eu**	**aie** **ayons** **ayez**
S'appeler	je m'appel**le** tu t'appel**les** il s'appel**le** nous nous appel**ons** vous vous appel**ez** ils s'appel**lent**	je m'appel**ais** tu t'appel**ais** il s'appel**ait** nous nous appel**ions** vous vous appel**iez** ils s'appel**aient**	je me suis appel**é** tu t'es appel**é** il s'est appel**é** nous nous sommes appel**és** vous vous êtes appel**és** ils se sont appel**és**	- - -
Aller	je **vais** tu **vas** il **va** nous **allons** vous **allez** ils **vont**	j'**allais** tu **allais** il **allait** nous **allions** vous **alliez** ils **allaient**	je suis **allé** tu es **allé** il est **allé** nous sommes **allés** vous êtes **allés** ils sont **allés**	**va** **allons** **allez**
Choisir	je chois**is** tu chois**is** il chois**it** nous chois**issons** vous chois**issez** ils chois**issent**	je chois**issais** tu chois**issais** il chois**issait** nous chois**issions** vous chois**issiez** ils chois**issaient**	j'ai choisi tu as choisi il a choisi nous avons choisi vous avez choisi ils ont choisi	chois**is** chois**issons** chois**issez**
Devoir	je d**ois** tu d**ois** il d**oit** nous d**evons** vous d**evez** ils d**oivent**	je d**evais** tu d**evais** il d**evait** nous d**evions** vous d**eviez** ils d**evaient**	j'ai **dû** tu as **dû** il a **dû** nous avons **dû** vous avez **dû** ils ont **dû**	d**ois** d**evons** d**evez**
Faire	je **fais** tu **fais** il **fait** nous **faisons** vous **faites** ils **font**	je **faisais** tu **faisais** il **faisait** nous **faisions** vous **faisiez** ils **faisaient**	j'ai **fait** tu as **fait** il a **fait** nous avons **fait** vous avez **fait** ils ont **fait**	**fais** **faisons** **faites**
Lire	je **lis** tu **lis** il **lit** nous **lisons** vous **lisez** ils **lisent**	je **lisais** tu **lisais** il **lisait** nous **lisions** vous **lisiez** ils **lisaient**	j'ai **lu** tu as **lu** il a **lu** nous avons **lu** vous avez **lu** ils ont **lu**	**lis** **lisons** **lisez**

	Indicatif			**Impératif**
Infinitif	Présent	Imparfait	Passé composé	Présent
Mettre	je mets tu mets il met nous mettons vous mettez ils mettent	je mettais tu mettais il mettait nous mettions vous mettiez ils mettaient	j'ai mis tu as mis il a mis nous avons mis vous avez mis ils ont mis	mets mettons mettez
Partir	je pars tu pars il part nous partons vous partez ils partent	je partais tu partais il partait nous partions vous partiez ils partaient	je suis parti tu es parti il est parti nous sommes partis vous êtes partis ils sont partis	pars partons partez
Pouvoir	je peux tu peux il peut nous pouvons vous pouvez ils peuvent	je pouvais tu pouvais il pouvait nous pouvions vous pouviez ils pouvaient	j'ai pu tu as pu il a pu nous avons pu vous avez pu ils ont pu	- - -
Prendre	je prends tu prends il prend nous prenons vous prenez ils prennent	je prenais tu prenais il prenait nous prenions vous preniez ils prenaient	j'ai pris tu as pris il a pris nous avons pris vous avez pris ils ont pris	prends prenons prenez
Savoir	je sais tu sais il sait nous savons vous savez ils savent	je savais tu savais il savait nous savions vous saviez ils savaient	j'ai su tu as su il a su nous avons su vous avez su ils ont su	sache sachons sachez
Venir	je viens tu viens il vient nous venons vous venez ils viennent	je venais tu venais il venait nous venions vous veniez ils venaient	je suis venu tu es venu il est venu nous sommes venus vous êtes venus ils sont venus	viens venons venez
Voir	je vois tu vois il voit nous voyons vous voyez ils voient	je voyais tu voyais il voyait nous voyions vous voyiez ils voyaient	j'ai vu tu as vu il a vu nous avons vu vous avez vu ils ont vu	vois voyons voyez
Vouloir	je veux tu veux il veut nous voulons vous voulez ils veulent	je voulais tu voulais il voulait nous voulions vous vouliez ils voulaient	j'ai voulu tu as voulu il a voulu nous avons voulu vous avez voulu ils ont voulu	veuille voulons veuillez

Carte de la Francophonie

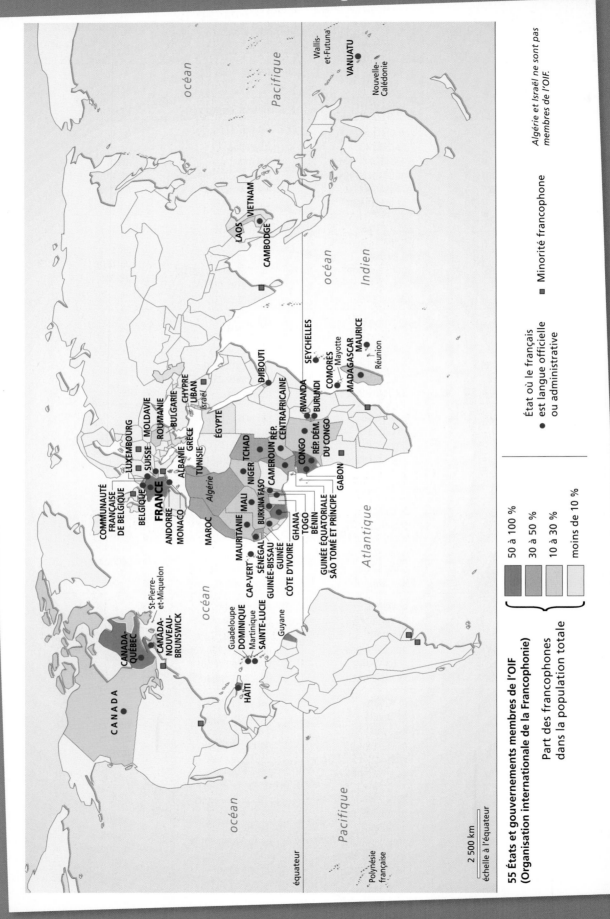

55 États et gouvernements membres de l'OIF
(Organisation internationale de la Francophonie)

Part des francophones
dans la population totale

50 à 100 %
30 à 50 %
10 à 30 %
moins de 10 %

État où le français
● est langue officielle
ou administrative

■ Minorité francophone

Algérie et Israël ne sont pas
membres de l'OIF.

2 500 km
échelle à l'équateur

Calendrier des fêtes

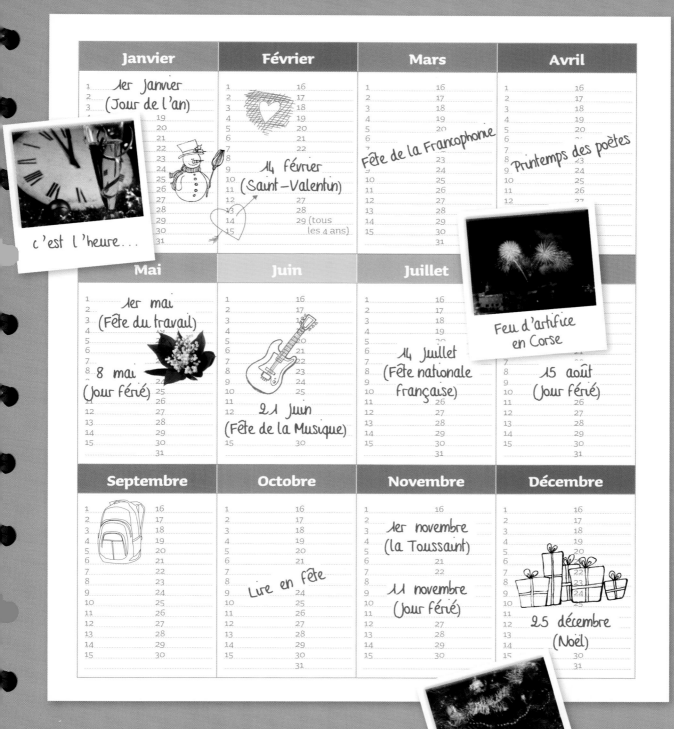

Janvier	Février	Mars	Avril
1 1er Janvier	1 16	1 16	1 16
2 (Jour de l'an)	2 17	2 17	2 17
	3 18	3 18	3 18
19	4 19	4 19	4 19
20	5 20	5 20	5 20
21	6 21	Fête de la Francophonie	6
22	7	23	7 Printemps des poètes
23	8 14 février	24	8
24	9 (Saint-Valentin)	10 25	9 24
25	10	11 26	10 25
26	11	12 27	11 26
27	12 27	13 28	12 27
28	13 28	14 29	
29	14 29 (tous	15 30	
30	15 les 4 ans)	31	
31			

c'est l'heure...

Mai	Juin	Juillet	
1 1er mai	1 16	1 16	16
2 (Fête du travail)	2 17	2 17	17
3	3 18	3 18	18
4	4	4 19	19
5	5 20	5	
6	6 21	14 Juillet	7
8 mai	7 22	(Fête nationale	8 15 août
8 (Jour férié) 25	8 23	française)	9 (Jour férié)
	9 24	10	10 26
12 27	10 25	11 26	11 26
13 28	12 21 Juin	12 27	12 27
14 29	(Fête de la Musique)	13 28	13 28
15 30	15 30	14 29	14 29
31		15 30	15 30
		31	31

Feu d'artifice
en Corse

Septembre	Octobre	Novembre	Décembre
1 16	1 16	1 16	1 16
2 17	2 17	2 1er novembre	2 17
3 18	3 18	3 (la Toussaint)	3 18
4 19	4 19	4	4 19
5 20	5 20	5	5 20
6 21	6 21	6	6
7 22	Lire en fête	7 22	8
8 23	8	8 11 novembre	
9 24	9 24	9 (Jour férié)	
10 25	10 25	10	10
11 26	11 26	11	25 décembre
12 27	12 27	12 27	12 (Noël)
13 28	13 28	13 28	13
14 29	14 29	14 29	14
15 30	15 30	15 30	15 30
	31		31

mon beau sapin...

Alphabet phonétique international

Les voyelles

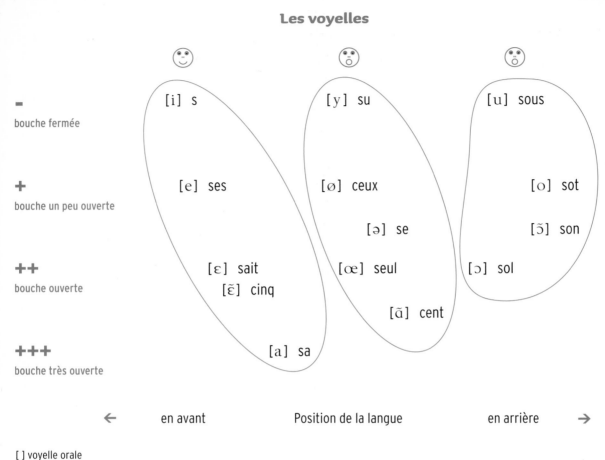

- bouche fermée	[i] s	[y] su	[u] sous
+ bouche un peu ouverte	[e] ses	[ø] ceux [ə] se	[o] sot [ɔ̃] son
++ bouche ouverte	[ɛ] sait [ɛ̃] cinq	[œ] seul	[ɔ] sol
		[ɑ̃] cent	
+++ bouche très ouverte	[a] sa		

← en avant   Position de la langue   en arrière →

[ ] voyelle orale
[˜] voyelle nasale

Les consonnes

[p] **P**ortugal	[k] **C**anada	[s] **S**uisse	[l] **L**uxembourg [r] **R**ussie
[b] **B**elgique	[g] **G**rèce	[z] **Z**imbabwe	
[t] **T**unisie	[f] **F**inlande	[ʃ] **Ch**ine	[m] **M**alaisie [n] **N**igéria [ɲ] **E**spa**gn**e
[d] **D**anemark	[v] **V**enezuela	[ʒ] **J**apon	

Consonnes sourdes   Consonnes sonores
Consonnes liquides   Consonnes nasales